A
Brief
History
of
China's
State-owned
Enterprises
Reform

# 中国国有企业改革简史

章迪诚 著

中国工人出版社

# 目 录

A
Brief
History
of
China's
State-owned
Enterprises
Reform

第一章

# 新中国国有企业的建立

*新中国国有企业的建立是与中华人民共和国的成立同时起步的。通过没收官僚资本和外国在华资本，改造民族私人资本，以及国家投资兴建，构成了新中国国有经济的最初基础。*

## 一、对于官僚资本和外国在华资本的处理方式

中华人民共和国成立前，官僚资本的企业主要有国民党中央政府、省政府和县市各级政府经营的企业（包括抗日战争结束以后国民党政府接收的日、德、意三国在中国的企业），以及由国民党大官僚经营的企业。据统计，到1949年，官僚资本和国外资本拥有全国工矿和交通运输业固定资产的80%，垄断了钢产量的90%、电力的67%、煤炭的33%、有色金属和石油的100%、水泥的45%、硫酸的80%、织布机的60%、纱锭的38%、糖的90%，还拥有全国最大的银行和十几个垄断性贸易公司，控制了全国的金融机构和铁路、公路、邮电、航空运输、对外贸易，以及文化事业。

对于外国资本企业，新中国政府采取了区别处理的办法：对美国资本从严，对其余资本从宽；在财产的处理上，除采取没收方式外，同时也采取征用、代管和征购等多种形式。

对于没收官僚资本，则分为四种方式：一是属于国民政府的国家资本与全国组织、系统的公产，立即接管没收；二是属于国民党官吏的私人资产，属于没收范围的立即没收，需要调查审核的予以监管；三是国民党军政机关及官吏在民族工商业

的投资，暂时不动，留待以后清理没收；四是民族资产阶级在官僚资本企业的投资，合法的仍承认其所有权。这样，属于官僚资本性质的一切工厂、矿山、铁路、交通运输、邮政、商业、金融等全部收归国有。① 据 1953 年全国清产核资委员会统计的数字，截至 1952 年，全国国有企业固定资产原值为 240.6 亿元人民币，其中大部分为没收官僚资本企业的资产（不包括其土地价值），除去已用年限的基本折旧后，资产净值为167.1 亿元人民币。② 这一巨额财富收归人民共和国所有，构成了中华人民共和国成立初期国有经济物质技术基础的最主要部分。③

没收官僚资本的进程是伴随人民解放军的军事推进同步展开的。解放战争初期，首先在吉林、辽宁、内蒙古解放军占领区进行没收官僚资本和敌伪财产，接着在华北、华中地区较早解放的城市中进行。1948 年至 1949 年年初，三大战役胜利后，人民解放军基本上接管了长江以北的官僚资本企业。至 1949 年年底，没收官僚垄断企业 2 858 个，拥有职工 129 万人，其中包括控制全国资源和重工业生产的“国民政府资源委员会”，垄断全国纺织业的“中国纺织建设公司”，兵工系统和军事后勤系统所办企业，陈立夫、陈果夫“CC”系统的企业，以及各省市地

---

① 1949 年，颁布《中国人民政治协商会议共同纲领》没收官僚资本[EB/OL]. 商界财视网，2009 年 9 月 21 日。

② 1955 年 2 月 21 日，发布《国务院关于发行新的人民币和收回现行的人民币的命令》。自 1955 年 3 月 1 日起，中国人民银行发行新人民币，以新币 1 元等于旧币 1 万元的折合比率收回旧人民币。这里所用的人民币单位为新币。

③ 中共中央党史研究室．中国共产党历史：第二卷[M]. 北京：中共党史出版社，2011 年 1 月，第 53~54 页。

方官僚系统的企业等。接收了“四行二局一库”（即中央银行、中国银行、交通银行、中国农民银行、中央信托局、邮政汇业局、合作金库），接收了国民党政府交通部、招商局所属全部运输企业，计有铁路2.18万公里，机车4 000多台，客车约4 000辆，货车4.6万辆，铁路车辆和船舶修造厂约30个，还没收了复兴、富华、中国茶叶、中国石油、中国盐业、中国植物油、孚中、中国进出口、金山贸易、利泰、扬子建业、长江中美实业等10多家垄断性的贸易公司。

“四行二局一库”是国民政府经济命脉的核心部分，它们在国民政府统治区的省市共有2 400多家地方银行。其中中国银行最为特殊，一方面，中国银行设有海外机构，且拥有一批外汇领域的专业人才；另一方面，中国银行是一家有着上百年历史的老牌银行，这对于新生政权来说是一笔十分宝贵的财富资源。因此在1949年3月中共中央召开的七届二中全会闭幕后，首任中国人民银行总经理南汉宸到天津传达中共中央关于接管中国银行的方针：继续保留中国银行的原名、原机构，原有员工原则上都加以留用。

1949年4月9日，中国银行新的第一届董事会在北京召开。南汉宸、宋汉章、马寅初、张嘉璈、章乃器、胡紫云、陈光甫7人在董事会上被选为常务董事，何香凝为首席监察人。会后，政务院任命南汉宸为中国银行董事长。

除没收官僚资本外，中国共产党还对外国在华资本采取了征购、代管或收购等政策。余下的外国资本在华企业约为1 000多家，其中约有5/6属于英美两国垄断资本的，英国有2亿英镑，美国有2亿美元，法国有5 000万美元。中国共产党对外国在华企业的政策如下：

> 凡遇有外人投资设立并主持之私营工厂，矿山或其他企业，我军到后，暂不加以没收，亦不许加以破坏，并可与之商定继续营业的临时合同，规定在服从民主政策法令与在一定的劳动条件之下继续营业。如原（业）主逃走，则由政策接收经营之。但在接收时，不得加以分散或损坏，以便能继续开办。如原（业）主回来时，视情况，得与之订立公私合办的合同，或仍按前述规定，交回其自办。凡外人开设之商店，不进行破坏活动，并服从民主政策法令者，均可允许其继续营业，并受民主政府保护。如店主逃走，并关闭其商店者，则由政府负责保存，限原（店）主或其委托负责人，于一定期间内，回来恢复。逾期不回，即由政府接收经营。不论公营、私营工商业中之外人股份，一律承认其股权有效。
>
> 凡遇有外国银行，或其代办所，不管其是否由于两国条约有互惠规定和特许，一般地应先停止其营业，并审查其业务情况。如认为在某种范围的规定内，确有令其继续营业之需要，亦须经中央批准，并与之订立临时营业合同后，方得许其重行营业。至对其财产，

不论重行开张与否，一律不得没收或破坏。[①]

1950 年 12 月 16 日，美国政府宣布管制中国大陆在美国辖区内的公私财产，并禁止一切在美国注册的船只开往中国港口。于是，中央人民政府政务院于 1950 年 12 月 28 日发布命令：中国境内之美国政府和美国企业的一切财产，应即由当地人民政府加以管制，并进行清查；中国境内所有银行的一切美国公私存款，应即行冻结。[②]

不过对于美国以外的外国资本企业，中国共产党人采取的则是与苏联人完全不同的处理方法。苏联十月革命后，对外资一概没收，引起与外国长期的外交纠纷。中国共产党人则采取了另一种办法：对于这些外资企业，一不没收、二不征用，而且不许关门、不许解雇工人，还要征税。然而，许多企业在共产党政府执政期间取消了外国资本在华特权，控制了原材料，加上以美国为首的西方国家的经济封锁与禁运，在华外资企业经营十分困难，亏损严重，叫苦连天，最终走投无路，有些企业申请歇业，有些企业的外国资本家自动放弃经营，有些企业自动转让给中国政府以抵偿债务，有些企业则由中国政府收购。这样，外资企业就逐步得到处理。

---

① 中央档案馆．中共中央文件选集（一九四八——一九四九）[M]．北京：中共中央党校出版社，1987 年 5 月，第 23~24 页。

② 中央人民政府政务院．关于管制美国财产冻结美国存款的命令[J]．新华月报，1951 年 1 月，第 587 页。

## 二、对民族资本主义工商业的改造

通过对民族资本主义工商业的改造，先把私人企业改造为公私合营企业，再把公私合营企业改造为国有企业，是新中国国有经济的又一重要来源。[1]

对于民族资本主义经济，中国共产党政权采取的是和平改造政策，并实施了“两步走”战略：第一步是把资本主义经济转变为不同形式的国家资本主义经济；第二步是再把国家资本主义经济转变为社会主义经济。第一步又分为两个阶段：第一个阶段是国家资本主义的初级形式阶段，国家对资本主义工商业采取收购、加工、订货、统购、包销（工业），以及经销、代销、委托经营、公私联营、进出口代购、代销（商业）等方法，达到对资本主义工商业“利用、限制”的目的；第二个阶段则是国家资本主义的高级形式公私合营阶段。

1949 年 3 月，中共在河北省平山县的西柏坡召开了七届二中全会，这次会议确定了新中国的基本政策。毛泽东在会上指出，将来的新中国存在五种经济成分，“国营经济是社会主义性质的，合作社经济是半社会主义性质的，加上私人资本主义，加上个体经济，加上国家和私人合作的国家资本主义经济，这些就是人民共和国的几种主要的经济成分，这些就构成新民主主义的经济形态”。①

---

① 毛泽东．毛泽东选集·四卷本[M]．北京：人民出版社，1968 年 7 月，第 1323 页。

1949年9月，中国人民政治协商会议第一届全体会议，通过了在中国共产党领导下制定的《中国人民政治协商会议共同纲领》（以下简称《共同纲领》），《共同纲领》规定：新民主主义社会的经济体制是“国营经济、合作社经济、农民和手工业者的个体经济、私人资本主义经济和国家资本主义经济”五种经济并存，在国营经济的领导下分工合作，各得其所，以促进整个社会经济的发展。“凡有利于国计民生的私营经济事业，人民政府应鼓励其经营的积极性，并扶助其发展。”《共同纲领》还把“公私兼顾、劳资两利、城乡互助、内外交流”作为共产党领导经济工作的基本指导方针写入其中。

据统计，1949年，全国共有资本主义工业企业12.3余万家，职工164余万人，占全国工业职工总数的54.6%；生产总值占全部工业总产值的63.2%。[①] 1950年，共有私营商业402万户，占全国商业总户数的98.4%，从业人员462万人；商品销售额182亿元，占全国商业机构批发额的76.1%，零售额的83.5%。在运输业方面，1950年我国轮驳船货运周转量中私人轮船业占59.2%。[②]

国家资本主义的初级形式阶段从1950年就开始了。中国共产党接管大陆政权以后，从1950年至1952年用了三年时间，进行国民经济恢复工作，这在新中国经济发展史上称为国民经济

① 国家统计局．中国统计年鉴（1984）［M］．北京：中国统计出版社，1984年8月，第19页。

② 董辅礽．中华人民共和国经济史（上）［M］．北京：经济科学出版社，1999年9月，第51~52页。

恢复时期。在这一时期，中央政府从 1950 年 6 月开始对工商业进行调整。调整工商业包括三个基本环节：一是调整公私关系；二是调整劳资关系；三是调整产销关系。其中，重点是调整公私工商业之间的关系。国家用扩大加工订货的办法，以重点维持那些社会需要的私营工业企业的生产，克服它们的无政府状态，并在原材料分配和其他方面予以适当的照顾，用扩大农产品收购、开展城乡交流和组织工业品出口等办法，开拓工业品的销路，组织和联合公私力量，解决某些工业企业资金周转困难的问题。同时，通过组织各种加工订货会议和采取劳动保护政策及管理企业盈余的分配，调整公私关系和企业中的劳资关系。对于私营商业，政府一方面限制它们的投机活动，同时在价格（批零差价和地区差价）和营业范围方面予以活动余地，使私人商业在国有经济领导下为城乡交流、内外交流服务。逐步建立了在社会主义国有经济领导下的国营经济、私人资本主义经济、合作社经济、国家资本主义经济和个体经济五种经济成分并存的新民主主义经济。由于对资本主义工商业实行了“公私兼顾、劳资两利”的政策，使私人资本主义经济有了一定的发展。1952 年与 1949 年相比，私营工业户数增加了 21. 4%，职工人数增加了 25. 1%，总产值增加了 54. 2%；1952 年与 1950 年相比，私营商业户数增加了 6. 9%，从业人员增加了 2. 2%，营业额增加了 18. 6%。[①] 私营工商业的发展，对国民经济的恢复起

① 当代中国丛书编辑委员会．当代中国的经济管理[M]．北京：中国社会科学出版社，1985 年 8 月，第 28 页，

到了有利的作用。

在争取国家财政经济状况根本好转的过程中，1951 年年底开展的“三反”“五反”运动,[2]对于促进经济的恢复和推进私营工商业的社会主义改造起到了重要作用。到 1952 年年底，国有经济得到发展壮大，并已确立了在国民经济中的领导地位。1952 年，全民所有制单位就业人数达 1 580 万人，比 1949 年增长 97. 5%；① 全国国有工业企业达到 9 500 多家，职工 510 多万人，国有工业产值在工业总产值中的比重达到 41. 5%，在生产资料产量中继续保持优势，在消费资料的产量中也占据了举足轻重的地位。国有经济还掌握了全国的铁路、一半以上的水运和公路运输、绝大部分银行业务和对外贸易。资本主义工商业加工订货、包销、收购的产值已占私营工业总产值的 56%；商业方面也已出现批购、经销、代销等形式。公私合营的工业企业共有 997 家，其产值占全国工业总产值的 5%。资本主义工商业通过接受国家加工订货的方式，纳入国家计划的轨道，实现了国家资本主义的初级形式。②

国家资本主义的高级形式公私合营可以以 1955 年为分界线分为两个阶段。1955 年以前只是少数企业的公私合营，主要是全部金融业和轮船运输业的一些大户，一般只限于少数规模较大的企业。实行公私合营以后，私营企业主的资本所得是对私

---

① 马洪．现代中国经济事典[M]．北京：中国社会科学出版社，1982 年 8 月，第 50 页，

② 当代中国丛书编辑委员会．当代中国的经济管理[M]．北京：中国社会科学出版社，1985 年 8 月，第 28~29 页。

营企业的税后利润按国家所得税、工人福利奖金、企业公积金、资方红利4个方面进行分配，称为“四马分肥”，其中所得税占34.5%，工人福利奖金占15%，企业公积金占30%，资方红利占20.5%。①

公私合营的第二个阶段是全行业公私合营。我国农业合作化高潮的兴起，促进了资本主义工商业社会主义改造高潮的到来。1955年11月，全国资本主义工商业的全行业公私合营进入高潮。1956年1月1日，北京的私营工业者首先提出实行全行业公私合营的申请并得到政府批准。到1月10日，全市35个私营工业行业的3 990户全部实行了公私合营。随后，天津、西安、沈阳、重庆、武汉、广州、上海等大型城市相继实现了全行业公私合营。到1956年上半年，全国实行全行业公私合营的工业企业占原来私营工业企业的97.3%，职工人数占97.7%，产值占99.1%。私营商业中，转变为公私合营、合作商店、合作小组或直接转变为国营商店的已达到199.1万户，其职工人数占原来私营商业总人数的85.1%。至此，我国基本上完成了对私营工商业的社会主义改造。②

全行业公私合营后，业主红利由分配利润制度改为定息（固定股息）制度。1956年7月，国家规定对私营企业原有的生产资料价值评估后，全国公私合营企业的定息率统一为年息

① 董辅礽.中华人民共和国经济史（上）[M].北京：经济科学出版社，1999年9月，第186页。

② 当代中国丛书编辑委员会.当代中国的经济管理[M].北京：中国社会科学出版社，1985年8月，第36页。

5%，与企业盈余多少无关。定息从 1956 年 1 月 1 日算起，期限为 7 年，到 1962 年止，1962 年又宣布将定息期限再延长 3 年。在全行业公私合营以后，原来的资本主义生产资料私有制只体现在定息上，公私合营企业与国营企业的区别也仅限于此。到 1966 年 9 月定息期满，公私合营企业完全转为国有企业，彻底完成了把资本主义经济转变为社会主义经济的“两步走”战略。

执行定息制度后，企业生产资料全部归国家统一使用和支配。政府在企业中为业主安排了工作，并付给他们较高的薪金。

## 三、国家投资兴建国有企业

新中国国有经济来源的第三个重要方面是国家大规模的投资兴建。“一五”期间，以苏联帮助设计建设的 156 个项目为中心、由限额以上的 694 个建设项目组成的工业建设，建立起我国社会主义工业化的初步基础。[①] 在这五年里，全国累计完成投资总额 550 亿元，其中国家投资为 493 亿元，新增加固定资产 460 亿元，相当于 1952 年年底全国拥有的固定资产原值的 1.9 倍。施工建设的大中型工业项目 921 个，比计划规定的数目增加了 227 个。到 1957 年年底，有 595 个大中型建设工程全部建成投产。一些新工业部门，包括飞机、汽车制造业，重型和精密机器制造业，发电设备制造业，冶金和矿山设备制造业，以及高级合金钢和重要有色金属冶炼业，从无到有地建设起来，增强了基

---

① 汪海波．新中国工业经济史[M]．北京：经济管理出版社，1986 年 7 月，第 142 页。

础工业的实力。从地区看，以鞍钢为中心的东北工业基地基本形成，上海和其他沿海城市的工业基础大为加强，华北、西南地区以及河南、湖北等省也建立了一批新的工业企业。以钢铁工业为例，到 1957 年生产的钢材品种已经达到 4 000 种，钢材自给率达到 86%。机械工业也增加了不少新产品，机械设备的自给率达到 60%以上。①

“一五”期间，由苏联帮助设计建设的 156 个项目，是关系国民经济命脉的项目，成为新中国国有经济最新的一批重要骨干。

关于苏联援建的“156 项工程”，是中苏之间经过多次商讨才最后确定下来的。

第一批项目的确定是在毛泽东首次率团访苏期间，双方签署了一系列条约和协定，其中《关于苏联贷款给中华人民共和国的协定》中规定：苏联以年利 1%的优惠条件向中国提供 3 亿美元的贷款。苏联就是用这笔贷款向中国提供了“156 项工程”的首批 50 个大型工程项目，② 包括煤炭、电力等能源项目，钢铁、有色金属、化工等基础工业项目以及国防工业项目。中国因为缺少技术力量、缺乏建设经验，这 50 个大型项目的确定，更多的是听取苏联的建议。

第二批项目的确定是在 1952 年 8 月周恩来率团访苏期间，

---

① 马洪．现代中国经济事典[M]．北京：中国社会科学出版社，1982 年 8 月，第 52~54 页。

② 李富春．关于与苏联政府商谈对我国援助问题的报告[J]．党的文献，1999 年，第 5 期。

双方界定了大的原则后，周恩来、陈云等先行回国，李富春等继续与苏方商讨援建细节。历时 8 个月，在对每个项目进行详细周密的研究之后，双方于 1953 年 5 月 15 日签署《苏联政府援助中国政府发展中国国民经济的协定》，苏联承诺在 1953—1959 年内援助中国新建和改建 91 个规模巨大的工程项目。[①] 协定还规定，连同 1950 年签订的 50 个项目共 141 个企业，将在 1953 年至 1959 年期间分别开工。根据当时预计，141 个企业建成后中国的工业生产能力将大大增长，到 1959 年，中国的钢铁、煤炭、电力、石油等主要重工业产品，将可能等于苏联第一个五年计划时的水平，接近或超过 1937 年日本发动侵华战争时的水平。

第三批项目的确定是在 1954 年 10 月赫鲁晓夫率团参加中华人民共和国成立五周年庆典期间，双方就旅顺口问题、中苏科学技术合作问题以及苏联政府帮助中国新建和扩建企业等问题举行了会谈，并签署了包括《关于苏联政府帮助中华人民共和国政府新建 15 项工业企业和扩大原有协定的 141 项企业设备的供应范围的议定书》在内的 10 项文件。[②] 至此，苏联援华项目共计 156 项。

此后，1955 年 3 月，双方又签署了新的协定，包括军事工

① 苏联政府援助中国政府发展中国国民经济的协定[J]. 党的文献，1999 年，第 5 期。

② 这 15 个工程项目的设定主要是为了保证中国国民经济各部门的相互协调及建设海军的需要，同时根据苏联派来的 5 个综合专家组对发展各部门工业远景计划的研究，中国政府提出还须请苏联政府增加设计和帮助建设某些必要的企业。

程、造船工业和原材料工业等建设项目共计 16 项，1955 年又通过口头协议增加 2 项，前后共确定 174 项工程。经过反复核查调整后，最后确定为 154 项。因计划公布 156 项在先，故通称为“156 项工程”。

实际施工的 150 个项目及其配套项目的建设，在很大程度上改变了工业倚重沿海的状态，建立起较为完整的基础工业和国防工业体系框架，奠定了新中国社会主义工业化的初步基础，具体表现如下：

一是形成了一批门类较全、工业化急需的现代基础工业。通过对能源工业这一现代工业基础的布局和建设，大大加强了东北作为能源基地的作用，同时为缺乏能源的其他地区的建设奠定了基础；通过对钢铁工业这一现代工业脊梁的布局和建设，巩固了以鞍山为中心的东北钢铁基地，而武钢和包钢两个基地的建成，使中国钢铁工业的地区分布由东部沿海向中部地区推进了一大步；通过对机器制造这一现代工业心脏的布局和建设，用于现代化大生产的技术水平和生产能力得以较大提高，中国有了几十个过去没有、行业比较齐全的制造系统。

二是新中国的工业生产技术能力有了质的提高。由于一系列大型工业项目，特别是一批新型的、现代化设备项目的建成，使中国工业生产技术结构发生了显著变化。同时许多部门在生产工艺上广泛采用先进科学技术，极大地提高了生产能力，工业生产技术水平跨越了近半个世纪，许多门类达到了国际 20 世纪 40 年代中后期的发展水平。

三是工业建设地区布局趋向合理。旧中国的工业设施不多且70%以上畸形分布在东部沿海狭长地带。“156项工程”的建设，不仅考虑了国防安全，而且考虑到经济因素；不仅考虑到工业布局，而且考虑到企业自身所要求的具体条件（如资源、人口、交通、土壤、水文、气象、地形、卫生、供水、排水、地震等）；不仅考虑到本企业的生产情况和企业的今天，而且考虑到与其他企业的协作和企业明天的发展远景；等等。因此，对“156项工程”布局的考虑是综合的、审慎的，除个别项目外基本上是合理的，这在当时实属不易，对中华人民共和国成立以后的经济建设布局和发展产生了深远的影响，促进了内地经济的发展。

特别值得一提的是，“156项工程”中的一个重点是建设国防工业，这对于迅速奠定中国国防工业的基础、独立自主地进行武器装备的科研和生产，具有至关重要的作用。

A Brief History of China's State-owned Enterprises Reform

第二章

# 传统国有企业的管理体制

*中华人民共和国成立70多年来的经济体制，是以1978年为分界线的。前30年，中国人在一穷二白的烂摊子上建成了完整的计划经济体制；后40年，中国人将其改造为社会主义市场经济的新体制。*

## 一、中华人民共和国成立之初的经济状况

客观而论，新中国的建立者之所以选择计划体制为建设理念，既是由意识形态所决定的，也是当时的国情所迫。

1949年的中国，基本上是一个以农业和手工业为主的国家。国民收入中的68.4%来自农业，工业仅为12.6%。受战争影响，全国交通运输通信等基础设施破坏殆尽，主干铁路无一条能够全线通车，勉强能通车的铁路只剩1.1万公里。全国人口中的80%是文盲，现代科技几乎是一片空白。[①] 国库空虚，原先库存的黄金早已被国民党劫去了中国台湾。更棘手的是，物价飞涨、人心动荡。1949年的前8个月，全国的货币发行额从185亿元增加到了4 851亿元，增加了25倍。[②] 从5月28日上海解放到6月9日13天内，物价就上涨了2.7倍。[③] 就在开国大典后的一个多月里，京津物价涨1.8倍，上海涨1.5倍，民间资金几乎全

---

① 中国社会科学院，中央档案馆编．中华人民共和国经济档案资料选编1949—1952：综合卷[M]．北京：中国城市经济社会出版社，1990年8月，第402页。

② 中国社会科学院，中央档案馆编．中华人民共和国经济档案资料选编1949—1952：商业卷[M]．北京：中国物资出版社，1995年8月，第543页。

③ 孙健．中华人民共和国经济史（1949—90年代初）[M]．北京：中国人民大学出版社，1992年12月，第60页。

数用于疯狂投机。

历史没有留给决策者从容选择的时间，迫使他们必须立即做出应对。第一个社会主义国家苏联在20世纪30年代建立了高度集中的计划经济体制，新生的共和国选择了社会主义，自然也就选择了这种经济模式。我国最初的国有企业管理模式，就是以156个苏联援建项目和694个限额以上建设项目的集中统一管理为中心而建立起来的。

在这种管理模式下，当时的国有企业称为国营企业。顾名思义，国有企业不但资本归国家所有，同时还由国家直接经营。无论是从中央政府与地方政府对国有企业的管理权限来说，还是从国家与企业的管理权限来说，都高度集中在中央政府手中。中华人民共和国成立初期，当时的国家计委是与周恩来主持的政务院平行的一个机构，主任由一位国家副主席兼任。以后虽然划归国务院领导，但它的地位和作用也远非其他经济部门能够相比。

## 二、国家对国有企业的管理原则与形式

国家对国有企业是按照“统一领导，分级管理”的原则进行管理的。1953年以前，在中央政府统一领导下，实行大行政区管理的办法。全国划分为华北、华东、中南、西南、西北、东北6个行政大区，一个大区管几个省。除了在华北地区中央政府直接管理一部分国有企业以外，其他地区的国有企业基本上是由各大行政区直接管理。1954年取消了大区建制，大型国

有企业陆续归中央各工业部直接管理。到 1956 年，基本上形成了中央（各主管部）和地方（各省、自治区、直辖市）分级管理的体制。对国有企业的管理分为中央管、中央和地方共管以中央管为主、中央和地方共管以地方管为主、地方管等四种形式。①

由中央管的企业简称为“直属企业”，是极少数关系国民经济全局的最重要的工矿企业。这类企业的人财物和供产销都由中央有关部门直接管；企业生产计划由中央有关部门制订下达，生产建设所需的原材料、设备，由中央有关部门分配和供应，所需资金主要由中央有关部门拨款，只有少数季节性的和临时周转的非定额流动资金由银行贷款，产品由中央有关部门调拨；企业所需劳动力指标由中央有关部门下达，领导干部由中央有关部门任免；企业利润除按规定提取企业基金外，全部上交中央财政。1957 年，中央政府各部门直接管理的工业企业数达 9 300多个，大约占当年国有工业企业总数的 16%，工业总产值接近全部国有工业企业工业总产值的一半。

中央地方共管以中央管为主和以地方管为主的企业简称为“直供企业”，是另一些关系国民经济全局的重点企业。对于这类企业，中央有关部门负责制定生产建设计划和财务计划，负责供应主要物资，下达劳动力指标，执行产品的分配和调拨计划；地方负责抓好思想政治工作，组织有关方面的协作和支援，

---

① 1956 年以后，国有企业的管理体制在 1958 年、1970 年有过两次大的调整，但最终都还是基本回到 1956 年的体制上来。

监督和检查企业执行方针、政策和国家计划的情况，负责搞好属于地方分配的物资的供应。这类企业的主要领导干部的任免和调动，由中央有关部门和省、市、自治区共同商定，前者以中央有关部门为主，后者以地方为主。

由地方管的企业，其人财物、供产销的管理和生产、财务计划的制定、劳动力的安排、生产资料的供应和所需资金的安排，全部由地方负责，企业领导干部的任免和调动，也由地方决定。中央有关部门只对地方企业生产的同类产品进行归口管理。[3]

## 三、国有企业的生产、投资、财务、物资和劳动工资管理

国有企业的各项经济活动是由国家计划推动的。由国家向国有企业下达的指令性生产指标有 12 项，包括：总产值、主要产品产量、新种类产品试制、重要的技术经济定额、成本降低率和降低额、职工总数、流动资金周转次数、工资总额、平均工资、劳动生产率和利润。企业按照上级主管部门每年下达的年度计划指标编制季度计划，再按时呈上级报批，批准后方可执行。上级主管部门为了全面掌握企业情况，制订了 40 多种报表，由企业按时填写上报。到 1956 年，由国家计委统一管理、直接下达的指令性计划产品达到 380 多种，其总产值占全部工业总产值的 60%左右。只要是涉及国计民生的都要由国家计划安排，具体可以小到发卡厂、油饼店，因为生产发卡所需的弹

簧钢是国家重要战略物资，炸油饼用的油和面是重要生活物资。

国家对国有企业基本建设的审批是高度集中的。以“一五”计划为例，国家预算内投资额占全社会基本建设投资总额的比例达90.3%，其中，由中央政府直接管理的投资项目占79%，由地方政府直接管理的投资项目占21%。投资额在500万元以上的基本建设项目，需经国家建设委员会审核，国务院批准；300万元至500万元之间的基本建设项目需经国家建设委员会审核批准；60万元至300万元之间的基本建设项目需经国务院各部或各省、市、自治区人民委员会审核批准；60万元以下的各项基本建设项目的审核和批准程序，分别由国务院各部和各省、市、自治区人民委员会自行规定。在这种情况下，国有企业自身没有投资决策权。

国家对国有企业实行统收统支的财务管理制度。国有企业需要的固定资金（包括固定资产更新改造需要的技术措施费、新产品试制费和零星固定资产购置费）按企业的隶属关系，由中央政府和地方政府财政无偿划拨。国家财政部门和企业主管部门对国有企业的流动资金进行计划定额核定，定额以内的流动资金（包括储备资金、生产资金和产成品资金）由财政部门无偿拨给；超过定额的临时性、季节性需要的流动资金叫作非定额流动资金（主要是结算及货币资金）由国家银行发放有息贷款。① 国有企业除了依据规定缴纳税款外，需按照隶属关系把

① 这里企业流动资金的分类方法，是1993年7月1日以前的《工业企业财务制度》分类方法。

全部折旧基金和大部分利润上缴中央和地方政府的财政部门。企业只能按照国家规定提取一定比例的计划利润和超计划利润作为企业奖励基金。超计划利润扣除应提的企业奖励基金和企业社会主义竞赛奖金以后，40%留归企业主管部门使用，60%上缴国库。“一般国营工厂厂长在财务方面只有 200～500 元的机动权”。①

为了加强对物资的集中统一管理，从 1953 年起，国家将物资分为三类：第一类是国家统一分配物资。属于这一类的是关系国计民生的最重要的物资，由国家物资总局编制平衡表和分配计划，经国务院批准后，由国家计划委员会下达计划。这一类物资，在 1953 年有 112 种，到 1981 年为 256 种。第二类是中央工业部门分配物资。这一类物资，在 1953 年有 115 种；到 1981 年为 581 种，分别由中央 37 个部门分配和平衡。第三类是地方管理物资。即除第一、第二类以外的工业生产资料，也就是元钉、铁丝、风钩、插销一类小五金和砂布、锯条等一类低值易耗品。这一类物资，一部分由地方政府安排生产和销售，另一部分由企业自产自销。而第一、第二类物资由国家计委或国务院各主管部门统一组织生产和分配，生产企业、国务院其他部门和地方政府均无权支配。

与物资管理体制相适应，在物资价格管理上，第一、第二类物资都是由国家规定的计划价格组织调拨，第三类物资的价

---

① 当代中国丛书编辑委员会．当代中国的经济体制改革[M]．北京：中国社会科学出版社，1984 年 8 月，第 52 页。

格规定由地方或企业自行决定，但企业不能自己定价。在高度集中的物资管理体制下，供需双方严重脱节。原重庆钢铁集团公司总经理刘杰说过的一席话是这种现象的最好注脚："有时候重钢的钢材拿出去交给国家，等从全国其他地方分配下来的，最后还是重钢的产品。"①

对劳动用工的管理，以中央集中管理为主，企业招收员工须有上级批准的招工指标，在上级主管部门指定的地区招工；企业不能自行增减人员，必须在上级规定的劳动定额内使用员工，也没有辞退员工的权利；国家对社会用工实行统一分配，不仅包括干部、工人，还包括大、中专毕业生，技工学校毕业生和复员退伍军人，企业对员工只能进不能出。

企业的工资管理也集中在中央政府劳动部手里，实行统一的用货币规定的工资标准，分别按产业和工种规定工人的工资等级数目和工资等级系统，统一制定或修改技术等级标准，实行等级工资制；对企业领导人员、工程技术人员和管理人员，实行职务或职称的等级工资制。国家不仅规定了国有企业统一的工资标准和工资等级，同时还规定了统一的职工定级和升级制度。长期低工资、死工资，严重制约了职工的积极性。

高度集中的计划经济体制，在一段历史时期曾经发挥过积极作用，它能够有效地集中全国的人力、财力和物力，进行一些重大项目的建设，也因此初步形成了我国汽车、钢铁、化工

---

① 《改革开放 20 年》摄制组．改革开放 20 年[M]．北京：作家出版社，1998 年 12 月，第 101 页。

等门类比较齐全的工业体系。但是，由于上级国家机关在生产、计划、投资、财务、人事、劳动、工资、物资、销售以及职工福利等方面管理过多，企业只能按照从中央到地方再到基层的行政指令从事生产活动。

这种高度集中的经济体制下的国民经济运行方式，全国的企业就像一个个的生产车间，政府总理相当于厂长，国家计委就是生产调度室。在现代社会化大生产的情况下，供需结构极其复杂，瞬息万变，新技术、新工艺、新材料、新产品层出不穷。计划部门人员再多、手段再先进，国家计委每年制定的几千个指标也根本不能满足市场上多方面多层次的不同需求，决策不及时和发生重大决策失误在所难免。最终结果，一方面是资源的极大浪费，另一方面则是物资的严重短缺。在这种体制下的企业，不可能高效地进行生产。

A
Brief
History
of
China's
State-owned
Enterprises
Reform

第三章

# 国有企业改革的早期理论探索

*如果把20世纪20年代的列宁的“新经济政策”视为社会主义经济体制改革实践的起点，那么，社会主义经济体制改革可以说从它诞生之日起就已经开始了。社会主义改革理论的产生，通常认为是从20世纪30年代著名的兰格-米塞斯论战开始的。*

## 一、西方关于社会主义改革理论的早期论战

这场大论战，争论的焦点是关于苏联社会主义经济制度能否有效配置资源，是否有前途，其本质是公有制特别是国有制与市场竞争的效率之间的关系。①

论战的一方是以米塞斯、哈耶克为代表的社会主义反对派，针对斯大林模式取消市场关系的制度特征提出反对意见。

冯·米塞斯认为，一个理性的经济组织，在没有自由市场的前提下，从逻辑上说是不可能建立起来的，社会主义经济是不可能有效实现资源配置的。经济环境的变化充满了太多的不确定性。它的变化之大，超过了人类能力所能控制的限度，对于未来，人们是难以完全准确预测的，因此中央计划的有效性和可靠性值得怀疑。在不确定的环境中，只有通过企业家处理各类信息，同时依据相互提供的价格信息作出决策，才可能实现资源配置的“帕累托最优”。[4]

社会主义经济没有市场和价格制度，各种经济信息没有得以反映的场所和渠道。无论中央计划机关怎样搜集和集中大量

---

① 参见谢世荣．产权理论与国有企业制度创新[M]．北京：中央党校出版社，1997；刘伟，李凤圣．产权通论[M]．北京：北京出版社，1998年1月．

分散的信息，其决策总是不准确的。而要使企业家正确决策必须具备两个条件：一是必须保证企业家有足够的利益激励；二是必须对企业家的市场投机、冒险行为有制度约束。这就需要建立必要的产权制度。一方面要在产权制度上保证企业的独立法人地位，使企业家可以独立决策，并且有足够的利益激励；另一方面又要让企业家有严格的财产责任约束，能够对他的决策后果承担经济责任。

米塞斯还认为，社会主义是一个没有商品货币关系和市场制度的社会。没有市场，就没有必要的信息，就不可能进行经济计算和合理的经济决策；没有经济计算，就没有合理的资源配置和有效率的社会生产。同时，企业在产权上没有独立性，就不可能在产权制度上造就企业家；没有财产权利和财产责任所规定的企业家，也就没有企业。因而资源浪费、效率低下等问题在所难免。这种经济只能是自然经济，是与市场竞争相排斥的，它的前景只能是一天天凋落下去。

米塞斯提出挑战的实质在于：在外部环境不确定、信息不完备的情况下，如果没有产权制度保障企业竞争的权力和利益，同时以资产责任约束企业的冒险，那么资源配置就不可能有效。米塞斯的观点，得到了哈耶克等许多西方自由主义经济学派学者的呼应和支持。

论战的另一方是以兰格、泰勒、迪金森等为代表的社会主义“同情派”。兰格认为，米塞斯所说的社会主义制度不能成立的结论是错误的。尽管社会主义不存在市场，但是可以通过中央计划来模拟市场，并根据模拟市场反映出来的信息配置资源，同样也可以达到“帕累托最优”。“同情派”据此提出了“在国有制架构内实行计划模拟市场”的构想，并认为社会主义不是自然经济，而是计划指导下的商品经济。企业所有权必须由国家垄断，采取国有制，同时国家凭借所有权管理企业，但国家对企业的管理不能像斯大林的“大工厂模式”，不能由国家统死，必须在支配权上给企业留有余地。

这个余地表现在两个方面：一是企业在国家通过计划模拟出的影子价格的范围内，[5]可以发挥自己的独创性，以在国家制定的价格参数（模拟市场）基础上进行决策，同时又可以为修正计划价格参数提供必要的信息。二是在经营权上可以有条件地委托给经理，经理在中央计划给定的模拟市场参数规定范围内可以独立决策。

通过计划对市场的模拟，以国有制为典型形式的公有产权制度不仅能与市场机制结合起来，而且由于公有制下中央计划掌握信息更为丰富，使这种结合既能发挥市场经济的长处，又能克服市场经济的缺陷。

事实上，对于传统计划经济体制的弊端，早在兰格-米塞斯论战之前的20世纪20年代初就已经有人注意到并对它提出批评了。

十月革命以后，新生的苏维埃政权迎来了一大批从国外回来的科学家、艺术家、文学家和各类专门人才，其中有一位名叫列甫·纳坦诺维奇·克里茨曼的著名经济学家。他于1918年初回到俄国后，担任最高国民经济委员会的领导职务，在1925—1931年，又先后担任苏联中央统计局副局长和国家计划委员会副主席。在克里茨曼1924年出版的《伟大俄国革命的英雄时期》的著作里，对当时苏联的“战时共产主义”体制进行了深刻剖析，并指出它的最大特点在于“缺乏计划性”。

克里茨曼认为：“商品经济的无政府状态是分配的无政府状态。”“在发达的商品社会（也包括资本主义社会）中，供给是有组织的，而分配是无组织的。”因为商品经济的性质决定了每一单独的企业都是独立的，是有组织的经济整体，所以购买要做到合理。因此，商品经济的特点是它的供给是有组织的。但是，企业只从赚钱（产品的价格）的角度而不从合理满足社会需求的角度来关心其产品未来的命运。因此，在商品经济中，分配（销售）是无组织的。

在克里茨曼看来，同资本主义的（还有小资产阶级的）企业相反，无产阶级实物社会的经济机构在拨给每个经济单位产品时，必须根据需要者的目的和该产品的资源情况来决定调拨，所以无产阶级实物经济的分配是有组织的。但是由于存在着为数甚多的有权分配自己产品的独立的经济机构，而分配机构又各自根据自己的理由行事，接受的机构也就根本不可能得到它所需要的适当数量的一切。因此，在无产阶级实物社会中，分配是有组织的，而供给是无组织的。该社会特征的无政府状态是供给的无政府状态。

克里茨曼提出，“在商品资本主义社会，生产危机表现为生产过剩危机；在无产阶级实物社会中，经济危机则表现为生产不足的危机。这种供给困难的程度不亚于商品资本主义社会中的销售困难。如果说在前一种经济中，停滞和危机时期与景气时期互相交替，那么，在后一种经济中，供给困难则是随时随地不断出现的，有时能够尖锐化到总危机的程度”。①

克里茨曼的分析对象虽然是“战时共产主义”时期的供给制实物经济，但是在计划体制下依然存在，而这也是以后的匈牙利经济学家亚诺什·科尔内关于“短缺是社会主义经济的基本问题之一”的理论来源。②

## 二、中国经济理论界对于改革的主张

1956年，毛泽东发表著名的《论十大关系》，对当时存在的中央集权过多的现象也作了批评。不仅提出要正确处理中央和地方的关系、“条条”和“块块”的关系等，同时也涉及扩大企业自主权问题。他指出：“把什么东西统统都集中在中央或省市，不给工厂一点权力、一点机动的余地、一点利益，恐怕不妥。”

但是究竟可以给企业多大的权力和利益，毛泽东则表现得十分谨慎，他说：“中央、省市和工厂的权益究竟应该各有多大

---

①　列甫·纳坦诺维奇·克里茨曼（1890—1938）：《无产阶级实物经济的无政府状态》[J]. 社会经济体制比较，1987年，第5期。

②　（匈）亚诺什·科尔内，高鸿业校．短缺经济学[M]. 北京：经济科学出版社，1986年6月，第5页。

才适当，我们经验不多，还要研究。”①

在中国经济理论界，对传统计划经济体制最早提出批判并主张要改革传统体制、发挥国有企业积极性的，是20世纪50年代中期在中国科学院经济研究所工作的顾准和在国家统计局工作的孙冶方。1957年，顾准发表题为《试论社会主义制度下的商品生产和价值规律》的文章，指出传统体制下国有企业缺乏活力，而且一放就乱、一收就死的问题根源，在于实行计划经济和政府直接经营企业。他建议在社会主义企业中实行类似于苏联新经济政策时期那样的“经济核算制”，“最高限度地”实行价格调节生产和流通的作用。具体做法是，废除按指令性计划生产和计划定价制度，使价格自由涨落；使劳动者的物质报酬与企业盈亏发生程度极为密切的联系。由于企业会自发地追求价格有利的生产，价格就成为调节生产的主要工具。②

针对我国20世纪50年代从苏联搬来的一整套国民经济管理体制，早在20世纪50年代末60年代初，时任国家统计局副局长的孙冶方也曾尖锐地指出过它的弊病，并全面系统地提出过改革的主张。

孙冶方认为，国民经济管理体制的中心问题是作为独立核算单位的企业的权力、责任和它们同国家的关系问题，也就是

---

① 毛泽东．毛泽东选集：第五卷[M]．北京：人民出版社，1977年4月，第273页。

② 顾准．试论社会主义制度下的商品生产和价值规律，见吴敬琏等．大中型企业改革：建立现代企业制度[M]．天津：天津人民出版社，1993年12月，第128~129页。

企业的经营管理权问题。作为独立核算单位的企业的管理体制，其核心问题，就是企业的权力和责任的问题。这个问题解决了，体制中的其他问题，也就好解决了。

孙冶方提出，我国国民经济管理体制的严重缺陷在于权力过分集中。由于国家代替企业管理它们自己应当负责通盘筹划的人财物和供产销的具体事务，严重地束缚了企业的手脚，限制了企业的主动性，妨碍了企业设备的更新和技术的进步，同时还使国家陷于日常事务圈子里，放松了整个国民经济长远建设方面的重大规划和综合平衡的工作。①

但是，在当时的时代背景下，两人这些卓有见地的观点没有被普遍接受。到了中共十届三中全会以后，人们才领悟到其中的合理性。

① 孙冶方．社会主义经济的若干理论问题，参见林青松、冒天启、林泉水．主张全面改革经济体制的一本好书——孙冶方同志的《社会主义经济的若干理论问题》评介[J]．经济研究，1979年，第10期。.

A
Brief
History
of
China's
State-owned
Enterprises
Reform

第四章

# 国有企业改革的早期实践

*我国早期的国有企业改革，是从20世纪50年代后半期开始的。中华人民共和国成立以后，计划体制和国有企业管理模式，没有解决社会主义应该比资本主义具有更高生产力的问题。突破高度集中的计划体制，改革国有企业管理模式，解放社会生产力，成为不可避免的历史课题。*

## 一、以“体制下放”为中心的第一次改革

早在中共八大以前，不少经济管理部门的工作人员就怀着很大的兴趣研究南斯拉夫当时正在进行的“企业自治”改革模式了，希望能够对中国有所借鉴。在中共八大上，给予国有企业自治权利成了当时的热门话题。然而随着形势的发展，无论是向企业放权让利，还是向劳动者个人放权让利，都成了不可能。在这样的政治环境下，放权让利只能以各级地方政府为对象，改革的重点也只能是在各级行政机关之间划分权力和利益。“体制改革”被定义为“体制下放”。这对以后的中国经济体制改革和经济发展产生了深远的影响。

根据毛泽东在1956年《论十大关系》中提出的方针，拟议的经济管理体制改革也提上了议事日程。在1957年9月召开的中共八届三中全会上，原则通过了中共中央经济工作五人小组组长陈云组织起草的《关于改进工业管理体制的规定（草案）》《关于改进商业管理体制的规定（草案）》和《关于划分中央与地方财政管理权限的规定（草案）》。11月14日，三个文件得到全国人大常委会的批准。

按照三个文件的精神，1958年，中国进行了计划经济体制

建立以来的第一次改革。这次改革的重点，主要放在各级行政机关之间的权力和利益划分上，形成了以“体制下放”为中心的改革特点。这次改革的基本要求，是把相当大部分对工业企业的管理以及商业管理、财务管理的权力下放给地方行政机关，也适当扩大企业的权力，以便“进一步发挥地方和企业的主动性和积极性，因地制宜完成国家计划”。这次改革的主要内容，可以简单归结为“七个下放”。

一是下放计划管理权。将原来由国家计划委员会统一平衡、逐级下达的计划管理制度改变为“以地区综合平衡为基础的、专业部门和地区相结合的计划管理制度”，实行以地区为主、自下而上逐级编制和进行平衡，使地方经济能够“自成体系”。地方政府可以对本地区的工农业生产指标进行调整；可以对本地区的建设规模、建设项目、投资使用等进行统筹安排；可以对本地区的物质调剂使用；可以对重要产品的超产部分，按照一定分成比例自行支配使用。

二是下放国有企业管辖权。除极少数重要的、特殊的和试验性的企业外，其余原来由中央各部管理的国有企业都层层下放，归各级地方政府管理，有的还下放到街道和公社。到 1958 年年底，中央直属企业下放了 87%，由 1957 年的 9 000 多个减少到 1 000 多个；中央直属企业的工业产值占整个工业产值的比重，由 1957 年的 39. 7%下降为 1958 年的 13. 8%。

三是下放固定资产投资决策权。关于基本建设项目的审批权，对于地方兴建限额以上的大型建设项目，只需将简要计划任务书报国家计委批准即可，其他设计和预算文件一律由地方审批；限额以下的项目，完全由地方自行决定。1958 年 7 月，中央对地方建设项目实行投资“包干”制度，即在中央向地方下拨资金和地方自筹资金的范围内，地方政府可以自行决定兴办各种事业，包括建设限额以上的大型项目。

四是下放物资分配权。在分配方面，大大减少了由国家计委统一分配和由各部管理的物资的品种和数量，增加了省（市、自治区）人民委员会在物资分配方面的权限。统配、部管物资由 1957 年的 530 种减少到 1959 年的 132 种；保留下来的统配、部管物资，也由过去的中央“统配统购”改为“地区平衡、差额调拨”，中央只管各地区之间供需差额的平衡和调出调入。在供应方面，除铁路、军工、外汇、国家储备等少数部门外，不论中央企业还是地方企业所需的物资，都向所在的省、市、自治区申请，由地方分配和供应。

五是下放财政税收权。为了扩大地方政府的财权，将中央与地方间的财政收支体制从过去的“以收定支、一年一变”，改为“以收定支、分级管理、分类分成、五年不变”的财政体制；把城市房地产税、文化娱乐税、印花税等 7 种税收划为地方固定收入；对商品流通税、货物税、营业税、所得税等中央管理的大宗税收，实行中央与地方收入分成；减少税种，简化征税办法，并赋予地方政府广泛的减税、免税和加税的权力；国家和企业实行全额利润分成；对中央下放的企业，企业上交的利润在地方和中央之间按 2∶8 的比例分成。

六是下放劳动人事管理权。企业招工计划经省（市、自治区）确定之后即可执行，不再经过中央批准。在企业试行合同工和“亦工亦农”制度。

七是下放信贷权。改变原来高度集中的信贷制度，实行“存贷下放、差额管理”的办法。地方银行可以根据各地“生产大上”的要求，“需要多少就贷多少，什么时候需要就什么时候贷”。试行流动资金“全额信贷”制度，从1959年起，国营企业的流动资金，一律改由人民银行统一管理。过去由国家财政拨款的企业自有流动资金，也全部转为向人民银行贷款，统一计息。

这次改革实际上在向地方政府放权让利的同时，也采取了一些向企业放权让利的措施，包括：减少指令性计划指标，将指令性计划指标由过去的12个减为主要产品产量、职工总数、工资总额和利润4个指标，并扩大了企业的计划管理职责；将原来分别不同行业按一定比例从利润中提取少量“企业奖励金”（厂长基金）制度，改为一户一率的“全额利润留成”制度；除企业的主管负责人（厂长、副厂长、经理、副经理等）和主要技术人员外，其他一切职工都由企业负责管理；在不增加职工总数的条件下，企业有权调整机构和人员；部分资金可以由企业调拨使用，企业还有权增减和报废企业的固定资产。

这次在计划经济框架内实行的行政管理权力下放大大调动了各方面的积极性，同时也产生了副作用。权力下放形成了各自为政、自成体系的各地区、各部门、各单位争夺资源的大战局面。1958—1960年，每年施工的大中型项目都超过了“一五”

时期的总和；3 年固定资产投资总额达到 1 007.4 亿元，比“一五”时期 5 年合计的 588.5 亿元还多 71%；国营企业职工人数由 2 451万人增加到 5 969 万人；城镇人口由 9 949 万人增加到 1.3 亿人。国民经济的比例关系严重失衡，国家无法保持经济稳定，社会经济生活陷入重重困难。在这一时期，中央提出对国民经济实行“调整、巩固、充实、提高”的方针，1961—1963 年，国民经济进入调整时期。这次以体制下放为标志的经济体制改革，以国民经济调整时期的权力上收而宣告结束。

## 二、以“企业下放”为中心的经济体制改革

1963 年 3 月，毛泽东在给刘少奇的一封信中说：“一切统一于中央，卡得死死的，不是好办法。”对于中央各部门收权，毛泽东批评说，“凡是收的都叫他们出中央，到地方上去，连人带马都出去”。[①]

1970 年 3 月 5 日，国务院发出通知，要求国务院工交各部把绝大部分直属企业、事业单位下放地方管理；少数由中央部和地方双重领导，以地方为主；极少数的大型或骨干企业由中央和地方双重领导，以中央为主。下放工作要在 1970 年内完成。于是，一场以“企业下放”为中心的经济体制改革开始了。

经过大规模的企业下放，连同在此之前煤炭先行下放的 22 个矿务局，中央部属企业（不含军工企业）由 1965 年的 10 533家减少到 142 家。煤炭工业部原有的 72 个直属矿务局和

---

① 毛泽东．关于农业机械化问题的一封信[J]．红旗，1978 年，第 1 期。

纺织工业部仅存的24个纺织机械骨干企业全部都下放了；冶金工业部原有的70个直属大型联合企业除了两个独立矿山和攀枝花钢铁公司、长城钢厂外，包括鞍山钢铁公司、武汉钢铁公司、包头钢铁公司、太原钢铁公司、首都钢铁公司等都下放省、市、自治区管理，或双重领导以地方为主；机械工业系统的310个部属企业下放了277个，其中完全下放地方的233个，包括长春第一汽车制造厂、十堰第二汽车制造厂、武汉第一重型机床厂、德阳第二重型机床厂、洛阳拖拉机厂等关系国民经济全局的重点骨干企业也都下放地方管理。1970年中央各部指数企业的产值，由1965年占全民所有制工业总产值的46.9%下降到8%。①中央部属企、事业单位下放地方，多数下放到省、市、自治区级；一部分又继续下放到省辖市，有的一直下放到市、县、区。随着中央部属企业下放，省属企业也纷纷下放，有的下放到专区，有的一直下放到县或区。

随着大面积的企业下放，伴随而来的是财权、物权、计划管理权和劳动工资权下放以及企业领导体制变更。

在财权方面，普遍推行财政大包干，1971—1973年，实行的是“定收定支、收支包干”制度；1974—1975年，在华北、东北地区和江苏省试行“收入按固定比例留成”制度；1976年改行“收支挂钩、总额分成、一年一定”制度。在实行财政大包干的同时，还实行基建投资大包干。从1971年起，按照中央规定的基本

① 汪海波．新中国工业经济史[M]．北京：经济管理出版社，1986年7月，第367页。

建设任务，由地方包干建设，投资、设备、材料均由地方统筹安排、调剂使用、结余归地方；少数地方独立承担有困难的项目，实行中央和地方双重领导。从 1974 年起，基建投资改按“四·三·三”比例分配，即投资额中的 40%由中央主管部门掌握使用，30%由中央主管部商同地方共同安排，30%由地方自行掌握使用。

在物权方面，实行物资分配大包干。一是下放物资管理权，国家计委统配和部管物资的种类由 1966 年的 579 种减少到 217 种，同时把下放企业的物资分配和供应也下放地方管理。二是对部分重要物资试行“地区平衡、差额调拨”制度。

在计划管理权方面，当时提出的目标是在中央统一领导下，自下而上、上下结合，“块块”为主、“条”“块”结合，在地区和部门计划的基础上制定全国统一计划，但由于扩大地方权力出现了问题，更由于内乱不止，计划管理体制改革大半成为空话，最终不了了之。

在劳动工资权方面，最大的动作是临时工、合同工、轮换工的“三工转正”。当时全国有 900 多万临时工和轮换工，其中从事常年性生产的约有 650 万人，根据国务院的规定，大部分都转成了固定工。1970、1971 年两年，原计划全国增加 306 万职工，实际增加了 983 万人。1972 年，又超计划招收职工 183 万人。在工资方面，冻结了实际上早已停止的正常晋级制度，废止了计件工资制度，1969 年又把企业综合奖改为附加工资、固定发放，实际上取消了奖金制度。①

在这期间，企业领导体制的变动最大。1970 年 10 月，中共中央决定撤销各级“革命委员会”党的核心领导小组，恢复党委。1972 年 8 月，中共中央、中央军委决定撤销各地、各单位的“支工、支农和支左”的军管会、军宣队等“三支两军”人员，企业通过整党，建立了党委会。

1978 年以前的国有企业改革，是在传统计划经济框架内实行的行政管理权力下放。1978 年中共十一届三中全会以后的国有企业改革，才真正开始了中国国有企业改革的历程。

① 汪海波．新中国工业经济史[M]．北京：经济管理出版社，1986 年 7 月，第 373~374 页。

A
Brief
History
of
China's
State-owned
Enterprises
Reform

第五章

# 中国国有企业改革的时期划分

*1978 年中共十一届三中全会以后，国有企业开启了漫长的改革历程。在中国改革开放的伟大变革中，国有企业的改革错综复杂又异常艰难。一方面，改革是在缺乏前人经验可以借鉴的情况下，沿着“摸着石头过河”的方式进行的；另一方面，在中共中央和国务院的领导下，改革克服了前进中的重重阻力和干扰，以渐进式的方式不断推进。正是因为这些原因，国有企业改革，从起步、展开到发展，成为整个中国经济体制改革的主线和缩影，国有企业的改革实践和改革理论，成为中国特色社会主义道路的重要经验和中国特色社会主义理论体系的重要组成部分。*

纵观中国国有企业改革，大致可以分为四个时期：1978—1992 年，是国有企业的制度改进时期；1993—2002 年，是国有企业的制度创新和结构调整时期；2003—2012 年，是国有企业的制度完善时期；2013 年以后，是中国特色现代国有企业制度创建时期。

## 一、国有企业的制度改进时期（1978—1992 年）

1978—1992 年的改革，是我国经济体制由传统的计划经济体制向有计划的商品经济体制过渡，逐渐引入市场机制在资源配置中的调节作用，在维持原有企业制度框架不变的前提下，以国有企业为主体，以放权让利为主要内容的改革。沿着“简政放权、减税让利”的改革思路，先后采取了扩大企业自主权试点、推行经济责任制、两个“拨改贷”、两步“利改税”、承包经营责任制、资产经营责任制、租赁制、股份制试点等改革措施。大体经历了放权让利、完善企业经营机制和转换企业经营机制三个阶段。

### （一）放权让利阶段（1978—1987 年）

粉碎“四人帮”以后，邓小平关于解放思想、实事求是的一系列重要论述，打开了长期禁锢人们头脑的思想禁区。人们开始用“实践是检验真理的唯一标准”的观点，对经济体制的一些重大理论和实践问题进行重新思考，经济体制改革的问题也被重新提上了议事日程。

在新的历史条件下，人们渐渐认识到柯西金“要扩大企业的经营独立性，提高企业对选择最经济途径来完成国家计划任务的责任，并加强对企业和全体职工的物质刺激”的观点的理论价值。在20世纪60年代曾经被当作“修正主义企业自治论”的中国老一辈改革者孙冶方的思想被普遍接受。国有企业低效率、低效益的原因，是政府管得过多、统得过死。要对企业“松绑放权”“扩权让利”。“当前最迫切的是扩大厂矿企业和生产队的自主权，使每一个工厂和生产队能够千方百计地发挥主动创造精神”,[①] 成为20世纪70年代末期经济主管部门的主流意见。[②]

1978年12月，中共十一届三中全会通过的《中国共产党第十一届中央委员会第三次全体会议公报》，集中反映了当时的主流思想：“现在我国经济管理体制的一个严重缺点是权力过于集中，应该有领导地大胆下放，让地方和工农业企业在国家统一

---

① 邓小平．邓小平文选：第二卷[M]．北京：人民出版社，1994年10月，第146页。

② 中国国有企业改革早期的重要领导人袁宝华曾经详细回忆过“扩权让利”方针的决策过程。据袁宝华回忆，受李先念的托付，1978年10—12月，国家经委代表团对日本企业进行考察。代表们“深感我们的企业必须进行改革，要给企业更多的自主权”。李先念在听取代表团汇报后说：“经济要搞好，首先是企业要搞好，要扩大企业自主权。”参见贺耀敏：《扩权让利：国有企业改革的突破口——访袁宝华同志》，载《百年潮》杂志，2003年第8期。

计划的指导下有更多的经营管理自主权；应该着手大力精简各级经济行政机构，把它们的大部分职权转给企业性的公司或联合公司”。① 这一论述，成为早期国有企业改革的基本指导方针。从那时起到 20 世纪 90 年代初期，国有企业反复进行了“扩大企业自主权”的改革。

放权让利，核心是让利，即改变传统的统收统支制度，给企业一定的财权，以调动企业与职工的积极性。最初的办法是设立企业基金。1978 年 4 月 20 日，以中共中央文件形式下发的《关于加快工业发展的若干问题》（简称“工业 30 条”），提出“设立企业基金”的规定。11 月 25 日，国务院批转财政部《关于国营企业试行企业基金的规定》，决定从 1978 年起，国有企业试行企业基金制度，即企业根据完成国家下达的 8 项年度计划指标以及供货合同后，可以提取职工全年工资总额的 0.5%至 5%的企业基金，用于职工福利基金和奖金。同时恢复计件工资和奖金制度。以后用“利润留成”替代了“企业基金”，企业留利的使用也从职工福利扩大到企业的生产经营活动，同时赋予企业一定的计划外生产、销售等权利。

1978 年 10 月，经国务院批准，中共四川省委、四川省人民政府选择不同行业有代表性的重庆钢铁公司、成都无缝钢管厂、宁江机床厂、四川化工厂、新都县氮肥厂、南充丝绸厂 6 户地方国有工业企业，率先进行“扩大企业自主权”试点，成为国

① 中国共产党第十一届中央委员会第三次全体会议公报[M]. 北京：人民出版社，1978 年 12 月，第 7 页。

有企业改革乃至整个城市经济体制改革起步的标志。6户企业的改革试点，在当年四季度超额完成生产计划中收到了预想不到的效果，并显示出巨大潜力。1979年1月31日，中共四川省委发出《关于地方工业扩大企业权力，加快生产建设步伐的试点意见》，把试点的工业企业由6户扩大到100户，同时在40户国有商业企业中也进行了扩大经营管理自主权的试点。与此同时，原国家经委、财政部等部门也抓了首钢、北京清河毛纺厂、天津自行车厂、上海汽轮机厂等8户企业的扩权试点。云南、北京等地也对所属的地方国有工业企业进行扩大企业自主权的试点。

为了规范迅速推开的扩大企业自主权试点，1979年7月13日，国务院颁发了《关于扩大国营工业企业经营管理自主权的若干规定》（史称第一个“扩权十条”）。同时颁发的，还有《关于国营企业利润留成的规定》《关于开征国营企业固定资产税的暂行规定》等5个文件。到1980年年底，全国除西藏外的28个省市自治区6 000多户工业企业进行了扩权让利试点，[①] 占全国预算内工业企业总数的15%，产值的60%，利润的70%。[②]

放权让利以后，企业有了一定的计划外产品生产销售权和利润分配权，随之也产生了压计划内生产、超计划外生产和利

---

① 当时海南尚未建省、重庆尚未成为直辖市，所以全国除港澳台以外只有29个省市自治区。

② 本书有关工业企业的统计口径中，涉及各种不同的口径指标，如独立核算工业企业、乡及乡以上独立核算工业企业、规模以上工业企业、大中小微型工业企业、预算内工业企业等。

润分配向职工收入倾斜等现象，以致出现了企业增收、财政收入减少问题。[①] 针对1979年和1980年连续两年出现巨额财政赤字的问题，各地在扩权让利的基础上，对工业企业实行了经济责任制。到1982年10月，全国大中型工业企业有80%以上实行了经济责任制。但实行经济责任制以后，原先下放给企业的很多权力又难以落实了。在此情况下，1984年5月，国务院再次发布《关于进一步扩大国营企业自主权的暂行规定》（史称第二个“扩权十条”）。

放权让利式改革从一开始就处于“放”与“收”的拉锯战中。早在扩权试点刚刚起步之时，率先改革的重庆钢铁公司就惹下了麻烦。根据扩权规定，重钢将生产出来的没有人订合同的多余钢材，卖给了那些需要钢材却又没有国家计划分配指标的企业。这一下可是触犯了“天条”，国家计委和国家经委联合发文：强调钢材自销是违背国家规定的，必须立即停止。幸亏当时的四川省委、省政府坚决顶住，重钢领导人才脱了干系。造成“放”与“收”交替反复的根本原因，是企业与国家利益分配关系的矛盾。

在给企业放权让利的同时，为了强化对企业的预算约束，

---

① 经济学家戴园晨和黎汉明曾经在《经济研究》上发表《工资侵蚀利润》的著名文章，对这一现象进行了深刻剖析，认为从利益刺激起步的改革次序选择是20年冻结工资的必然结果，不少研究社会主义国家经济体制改革的学者都认为，改革的次序选择应当是：先实现机制转换，在机制转换中实现利益调整，在改革起步时则应当控制宏观分配计划。减税让利是为了让企业有自己可支配的财力以增强赢利动机，但由于企业内部缺乏把长期利益和短期利益结合起来的机制，企业留利使用偏于追求职工近期收入和福利最大化，从而造成减税让利——企业留利增多——奖金福利增多的过程。参见《经济研究》，1988年，第6期。

改变企业“无偿”使用国有资金的状态，从1979年开始，国家试行将企业的基建拨款改为银行贷款，这就是有名的“拨改贷”政策的开始。“拨改贷”开始仅限于基本建设投资，1980年以后扩大到技术改造投资；1983年7月以后，企业新增的流动资金也全部由企业自筹或者向银行贷款解决。企业的固定资产投资和新增流动资金全部由财政拨款改为银行贷款（史称两个“拨改贷”），是以后企业债台高筑，国家最终实施“债转股”最直接的原因。

放权让利给企业带来了生机和活力，推行经济责任制也使得财政状况明显改善。在企业欢迎、政府高兴、职工拥护的同时，问题也随之接踵而来。在传统体制下，企业的资金占用、产品价格、职工收入等都是由国家计划安排的，不会因为企业的基础条件、地理位置、资金多少、价格高低差异带来企业之间的利益差别。这在统收统支体制下是不成问题的，但当允许企业有了一定的利润留成和奖金分配权后，立即造成了企业之间的“苦乐不均”现象。为了解决企业之间的苦乐不均，国家实施了两步“利改税”改革措施。

两步“利改税”的主导性决策思想，从改革的角度看，是试图通过税收杠杆来理顺国家和企业的分配关系，调节企业之间的收益差别，克服企业的“苦乐不均”，为企业创造公平竞争的经营环境，但实际执行结果，则是完成利润越多的企业交税也越多，造成了所谓的“鞭打快牛”现象。从财政部门的角度看，则是为了划清政府财政收入和企业可支配收入的界限，保证国家财政收入稳定增长。由于两步“利改税”本身存在的不足，加上它出台的时机正好是经济过热后的宏观经济整顿和紧缩，在第二步“利改税”推行后，出现了全国国有企业实现利润连续22个月滑坡的局面。“利改税”的积极作用尚未发挥就被承包经营责任制改革取代了。

### （二）完善企业经营机制阶段（1987—1990年）

放权让利式改革始终处于“放”与“收”的拉锯之中，迫使人们寻找问题根源。随着时间推移，人们开始认识到，国有企业低效率、低效益的原因，表面上看是政府部门管得过多、统得过死，本质上则是政企不分。因为政企不分，才造成政府部门管得过多、统得过死，同时也使得政府能够不断放权又不断收权。因此，国有企业改革要解决的深层次问题应该是“政企分开”问题。

于是，在维持原有企业制度框架不变的前提下，围绕“政企分开”“搞好搞活”国有企业成为普遍共识。而“搞好搞活”的具体标准，则是企业账面财务指标的好坏。

为了实行政企分开，我国采取了承包经营责任制、资产经营责任制、租赁制、股份制试点等各项改革措施。

把农村的“包”字请进城，其实在20世纪80年代初就曾经尝试过。1981年在推行经济责任制时，规定在分配方面可以采取利润留成、盈亏包干和以税代利自负盈亏三种经济责任制形式。其中的“盈亏包干”就是一种承包制，与后期实行的承包经营责任制并无多大区别。

1983 年年初，有人提出“包字进城，一包就灵”的口号，主张在城市工商业中全面推行企业承包制。短短两三个月，全国国有商业企业普遍实行了利润包干制。对此理论界众说纷纭，毁誉参半，加上这时经济运行中出现了经济秩序混乱和物价涨势过猛等问题，国家决定停止全面推行利税承包，加快“利改税”改革，企业改革这才开始转入两步“利改税”阶段。

1986 年年底到 1987 年年初，宏观经济形势再度紧张，企业利润连续下滑，财政状况非常吃紧。在此情况下，一些省（市）把增产节约、增收节支与深化企业改革结合起来，重新把农村的“包”字请进城来。承包制保住了财政收入，同时又给了企业看得见、拿得到的实实在在的利益，得到多数人的赞同，更多的人则开始重新肯定承包经营责任制。1987 年 3 月召开的六届人大五次会议，第一次明确肯定了承包制。同年 4 月，原国家经委召开全国承包经营责任制座谈会，决定从当年 6 月起，在全国范围普遍推行承包经营责任制。到 1987 年年底，全国大中型国有工业企业中，实行多种形式承包经营责任制的企业占了 82%；大中型国有商业企业有 60% 以上实行了承包经营责任制。与此同时，资产经营责任制、租赁制、股份制等改革措施也进行了试点。

承包制全面推行后，果然不负众望。仅仅两个月，就一举扭转了全国预算内工业企业实现利润连续 22 个月下滑的局面，当年增加财政收入 60 多亿元。到 1988 年年底，即全面推行承包经营责任制后20个月，全国预算内工业企业增创利税369亿元，相当于1981到1986年企业所创利税的总和。在当时，无论是政府还是企业，都相信承包制是搞活国有企业的最好形式。但是，随着时间的推移，承包制的弊端日益凸显，以后虽然采取了许多完善的措施，但承包制始终也无法完善。

这一阶段的另一项重大改革，是贯彻企业领导体制的三个《条例》，全面推行厂长（经理）负责制。1986年9月，中共中央、国务院同时颁发《全民所有制工业企业厂长工作条例》《中国共产党全民所有制工业企业基层组织工作条例》和《全民所有制工业企业职工代表大会条例》，国有企业的领导体制全面进入厂长（经理）负责制阶段。到1987年年底，在全国54 000个国有工业企业中，已实行厂长负责制的国有工业企业达到68%。

### （三）转换企业经营机制阶段（1990—1992年）

全面推行承包制的初期，效果非常明显。1987、1988年，全民所有制独立核算工业企业的总产值分别增长11.3%和12.6%，实现利税分别增长12.9%和17.2%；但是到1989年，同口径的工业总产值只增长3.9%，实现利税下降0.1%，利润总额下降16.7%，亏损企业亏损总额则增加1.2倍。

促使承包制加速走向衰落的原因，既有承包制自身无法克服的弱点，也有宏观经济形势迅速恶化的影响。推行第一轮承包经营责任制的三年，正好是我国国民经济大起大落的三年。承包制在1987年下半年国民经济全面膨胀的环境下起步，在

1990年上半年全面紧缩中结束，中间经历了由松到紧、由放到收的几次反复。承包环境发生了重大变化，承包条件不仅未变，国家为了增加财政收入，又在企业折旧基金、大修理基金等专项基金和企业留利中开征了25%的能源交通建设基金和预算外调节基金，并向企业派购国库券和各种债券等。于是，为了完成承包指标，多数企业采取了“保两头，空中间”的对策。即上保国家财政上缴；下保职工工资福利；唯一可以不保也保不住的，是谁也不用负责的所有者利益。据中国工商银行对10 580户国有工业企业的调查，截至1990年上半年，企业由应摊未摊、应提未提的费用和挂账损失等构成的潜亏，已经达到企业明亏的1.72倍。①

针对国有企业存在的问题，在1991年9月的中央工作会议上，提出转换企业经营机制的改革思路。1992年7月，国务院发布了《全民所有制工业企业转换经营机制条例》（简称《转机条例》）。随着《转机条例》的发布实施，以简政放权、减税让利为主要特征的扩权让利式改革步入巅峰阶段。

制订《转机条例》的指导思想是，国有企业改革的关键是转换经营机制，目标是适应市场的要求，成为依法自主经营、自负盈亏、自我发展、自我约束的商品生产和经营单位，成为独立享有民事权利和承担民事责任的企业法人。国有企业所以不能转换经营机制，原因是没有充分的经营自主权。因此，《转

① 吕东．中国工业经济的改革与发展[M]．北京：经济管理出版社，1992年8月，第571页。

机条例》规定了要让国有企业享有：生产经营决策权，产品、劳务定价权，产品销售权，物资采购权，进出口权，投资决策权，留用资金支配权，资产处置权，联营、兼并权，劳动用工权，人事管理权，工资奖金分配权，内部机构设置权，以及拒绝摊派权14条经营自主权。

但是，通过放权让利扩大国有企业自主权，在经济活动中引入市场机制受到了制度上的重重阻碍。面对"转机"面临的困境，在围绕贯彻《转机条例》中的问题进行讨论时，有的学者提出：国有企业转换机制根本上要着眼于解决体制和制度问题，使企业拥有法人财产权，真正从政府的附属部门转变为自负盈亏、独立承担民事责任的经营主体。只有这样，《转机条例》才能真正得到落实，股份制的现代企业制度应该成为国有企业改革的目标模式。这一观点逐步被大家认同，并得到高层决策者的采纳。

## 二、国有企业的制度创新和结构调整时期（1993—2002年）

1992年10月召开的中共十四大，确定中国经济体制改革的目标是建立社会主义市场经济体制，这标志着中国最终放弃了以单一所有制为基础的计划经济体制。

在传统计划经济体制下，公有制和计划经济是一对孪生兄弟，国有企业与计划体制紧密相连、相互依存。国有企业是计划经济体制的支柱，计划体制是国有企业生存的依托。政资不分、政企不分、所有权与经营权不分的“国有国营”制度体制下，企业是实现国家计划目标的一个个执行单位；占据了80%以上国民经济比重的国有经济，是由拥有公共权力的政府掌控的一个主体。当时国内外舆论普遍认为，国有经济对应的是计划经济体制，选择市场经济就只能私有化。

由计划经济体制转变为社会主义市场经济体制涉及诸多方面问题，其中一个绕不过去的困难，就是微观市场主体的构建问题。公有制、国有经济与市场经济能不能结合，怎样结合？在当时的历史条件下，最高决策层面临严峻的政治选择。在公有制、国有资本的范畴，如果能找到与市场经济对接的新的公有制实现形式，构造出独立的市场主体，那么我们就可以顺利实现社会主义市场经济的改革目标。如果找不到公有制与市场机制的结合点，要么为坚持公有制、国有经济，只好退回到计划体制；要么坚持利用市场机制，提高资源配置效率，就得私有化。这显然都是不愿接受的结果。

1993年11月的中共十四届三中全会正式提出建立现代企业制度是国有企业改革的目标。通过创新国有经济实现形式和改革国有产权制度，来寻求国有经济与市场体制融合的有效形式，这是中国共产党人建设社会主义市场经济体制理论的重大突破，是向建立社会主义市场经济体制迈出的具有决定意义的一步。

国有企业建立现代企业制度，国有企业改革由维持原有制度框架不变进行政策调整搞活企业的制度改进时期，转入以产权制度改革和企业制度创新为重点，重新构建社会主义市场经济微观基础的制度创新时期。这个时期的改革，是我国经济体制由计划经济体制向社会主义市场经济体制转轨时期，探索建立国有资产管理体制，以国有经济和国有企业为主体，以企业制度创新为主要内容，从战略上调整国有经济布局，对国有企业实施战略性重组的改革。大致可以分为两个阶段。

### （一）企业制度创新阶段（1993—1997年）

1993年是国有企业真正迈入全面建立现代企业制度、以制度创新为中心的起始年份。1993年11月中共十四届三中全会通过的《关于建立社会主义市场经济体制若干问题的决定》明确，“建立适应市场经济要求，产权清晰、权责明确、政企分开、管理科学的现代企业制度”是国有企业改革的方向。[①] 为贯彻落实中共十四届三中全会精神，1994年年初，国家选择了100户国有企业进行建立现代企业制度的试点，各地区、各部门也选择了一部分企业进行试点。到1995年年底，全国有1 600多家企业被列入试点行列；到1996年年底，75%的企业试点实施方案获得批准。

这一阶段，除了部分企业进行建立现代企业制度试点之外，企业一方面继续落实《转机条例》，另一方面以理顺企业产权关系为核心，采取多种形式进行新的企业组织制度试点。一是仿“三资企业”试点。试点企业在不改变企业所有制性质、不改变

---

① 中共中央关于建立社会主义市场经济体制若干问题的决定[M]. 北京：人民出版社，1993年11月，第3页。

企业隶属关系的基础上，实行与“三资”企业相同的政策。企业内部建立类似“三资”企业领导制度的企业管理委员会（或董事会），实行全员劳动合同制，打破干部、工人身份界限，拉开分配档次。二是“无行政主管部门企业”试点。试点企业在政府实行计划单列，原企业主管部门与试点企业不再具有隶属关系。三是企业监事会制度试点。四是企业“嫁接”试点。由国有企业拿出一条生产线、一种产品、一个车间或整厂与国外资金、技术、设备开展合资经营。五是中小企业“国有民营”试点。六是股份合作制试点。各地城镇中小型国有企业和集体企业为理顺企业产权关系、转换经营机制，普遍采用了这种改革。

到 1995 年，国有企业改革的思路发生重要转变，从着眼于“单个搞活”到着眼于“整体搞活”；从“搞活国有企业”到“搞好国有企业”；从“搞好国有企业”到从整体上“搞好国有资本”的思路逐渐占据主导地位。按照这一思路，当年 9 月召开的中共十四届五中全会首次提出：“以建立现代企业制度为目标，把国有企业的改革同改组、改造和加强管理结合起来，构造产业结构优化和经济高效运行的微观基础。”“要着眼于搞好整个国有经济，通过存量资产的流动和重组，对国有企业实施战略性改组。这种改组要以市场和产业政策为导向，搞好大的，放活小的，把优化国有资产分布结构、企业结构同优化投资结构有机结合起来，择优扶强、优胜劣汰，形成兼并破产、减员增效机制，防止国有资产流失。”“三改一加强”“抓大放小”

成为这一时期标志性国有企业改革内容。一是强调重点突破与整体推进相结合，按照社会主义市场经济的要求，从国有企业的功能出发，给国有企业以正确的定位；着眼于从整体上搞好国有资本，对国有经济布局进行战略性调整。二是强调改革必须与国民经济的战略调整相结合，以适应我国工业发展由劳动密集型向资本密集型和技术密集型转变；我国市场环境已由短缺经济转为过剩经济；按照以公有制为主体、多种所有制经济共同发展的要求，对国有企业进行战略性改组。三是强调企业改革必须与综合配套改革相结合，把经济体制改革与综合配套改革相结合，推动全国城市综合配套改革的进程。自此，国有企业改革进入国有经济布局战略性调整与国有企业战略性改组的新阶段。

这一阶段，国家先后实施了“优化资本结构”试点，实施“抓大放小”战略，扩大股份制试点等改革措施。

“优化资本结构”最先试点的城市是18个，以后扩大到50个，再后来扩大到54个，最后到110个。[6]试点的主要内容：增资减债、分离分流、减员增效、破产兼并。

在“抓大”方面，一是组建企业集团试点，由最初的52家，到以后的57家，最后又扩大到100家；二是对1 000户重点企业进行分类指导，并对其中的300户企业建立主办银行制度，落实经营资金；三是选择中国航空工业总公司、中国有色金属工业总公司和中国石油化工总公司三家企业进行国家控股公司试点。在“放小”方面，各地坚持“三个有利于”标准,① 采取改组、联合、兼并、股份合作制、租赁、承包经营和出售等多种形式，把一大批小企业直接推向市场。在股份制试点方面，据 1995 年年底的不完全统计，全国以国有企业为主改建或新设的原有股份有限公司已达到 9 200 多家。

这一阶段，在部分省（市）还进行了建立国有资产管理试点。试点的基本模式是建立由三个层次构成的国有资产管理和运营体系：一是国有资产管理机构。在省（自治区、直辖市）政府成立国有资产管理委员会（或国有资产管理局），专司国有资产管理，省（自治区、直辖市）国资委（局）一般下设办公室，承担具体工作。二是国有资产产权经营机构。由国资委授权，国有资产经营（投资）公司作为国有资产产权运营主体，负责国家投入企业的国有资产经营。国有资产经营（投资）公司具有法人资格，是企业的股东。三是国有资产经营执行机构。由国有企业、各类含有国有资产的集团及政府参股控制的股份制企业构成。这些企业依法享有出资者（包括国家）投入企业的全部财产，自主经营。

### （二）国有企业“三年脱困”和国有经济调整阶段 (1997—2002 年)

中共十四大以后，我国加快了社会主义市场经济体制的建

① “三个有利于”：是否有利于发展社会主义社会的生产力、是否有利于增强社会主义国家的综合国力、是否有利于提高人民的生活水平。1992 年年初由邓小平在视察南方发表南方谈话时提出，被视为衡量一切工作是非得失的判断标准。

设步伐，然而脱胎于计划经济体制的国有企业却明显不适应。随着市场经济体制的逐步建立，国有企业经营机制与市场经济体制要求不相适应的深层次矛盾越来越突出。根据国家统计局提供的数据，到 1997 年年底，全国国有及国有控股的 16 874 户大中型工业企业，亏损 6 599 户，亏损面 39.1%，亏损额达 665.9 亿元；6 599 户亏损企业涉及的资产总额为 12 512.3 亿元，占全部国有及国有控股大中型工业企业总资产的 21.7%；负债总额 9 996.4 亿元，占国有及国有控股大中型工业企业全部负债的 28.8%；平均资产负债率 79.9%；涉及职工人数 1 008.9 万人，占全部国有及国有控股大中型工业企业总人数的 31.8%。全国 31 个省（自治区、直辖市）的国有及国有控股工业企业盈亏相抵之后，[①] 有 12 个省（自治区、直辖市）净亏损，亏损总额达 665.89 亿元。从行业状况看，纺织、煤炭、军工等多个行业严重亏损。

国有经济运行的持续低迷，国有企业效益的连年下滑，引发了一系列严重问题：大面积的企业停产、半停产，经营十分困难；许多企业由于无法按时还贷付息，债权人通过法院强行封厂封账，使得企业无法继续经营；由于经济效益差，资金紧张，许多企业连续数月甚至几年不能按时足额发放职工工资、奖金，导致职工生活困难。相当数量的职工下岗、失业，对社会不满情绪增长。东北老工业基地表现得尤为突出。鞍钢是我

---

① 此处的“全国 31 个省（自治区、直辖市）”未包括港澳台。本书其他地方均依照此说法，不再赘述。

国钢铁工业的发源地，几十年来为国家经济建设作出了巨大贡献，但同时也积累了传统国有企业几乎所有的弊病和问题。到20世纪90年代中期，企业拖欠货款高达138亿元，处于半停产的严重状况。由于严重亏损，银行不给贷款，开始拖欠职工工资。鞍钢有50万员工，还有19万待安置子弟、12万离退休人员，同样处于困难无助的境地。沈阳铁西区是沈阳国有大中型工业企业最集中的地方，全市99家大中型国有企业有90家落户这里，且大都是国家“一五”“二五”时期重点建设项目。然而20世纪90年代以来，这些企业的经营状况逐渐恶化，90%的企业处于停产、半停产状态，500多亿元的存量资产闲置，30万产业工人中有13万下岗。当地一句民谣形象地勾画出当时的悲凉：“职工伤心地，破产一条街。”毫不夸张地说，1997年前后的国有企业已经到了生死存亡的关键时刻。①

针对国有企业存在的严重困难，1997年9月，中共十五大向全党发出号召：“深化国有企业改革，是全党重要而艰巨的任务。要坚定信心，勇于探索，大胆实践，力争到20世纪末大多数国有大中型骨干企业初步建立现代企业制度，经营状况明显改善，开创国有企业改革和发展的新局面。”中共十五届一中全会更明确地提出：“用三年左右时间，通过改革、改制、改造和加强管理，使大多数国有大中型亏损企业摆脱困境，力争到20世纪末大多数国有大中型骨干企业初步建立现代企业制度。”这就

① 陈清泰．重塑企业制度——30年企业制度变迁[M]．北京：中国发展出版社，2008年11月，第56~57页。

是国企改革脱困的“三年两目标”。

三年脱困的主要措施：在宏观方面，采取了“扩大内需，实行积极的财政政策；放松银根，实行稳健的货币政策；总量控制，实施产业结构调整；严打走私，整顿市场经济秩序”等四项措施。在微观方面，采取了“债转股”、技改贴息、政策性关闭破产、实施再就业工程等政策措施。国有企业脱困，成为这一时期国有企业改革的重要推动力。

从1996年至2000年，全国破产工作领导小组共下达企业兼并破产项目5 335户，核销银行呆坏账准备金和资产管理公司债权损失2 086.4亿元。纺织行业以“改压结合”和毛纺压锭为重点，到2001年年末，全国累计压缩淘汰落后棉纺锭949万锭、毛纺锭30万锭、缫丝机180万绪。煤炭行业全国累计取缔、关闭非法及布局不合理各类小煤矿5.8万处，煤炭产量连续三年每年压减3亿吨。冶金行业关停小钢厂85户，淘汰落后生产能力394万吨。石化行业共取缔6 000余座土炼油场点，压缩原油一次加工能力1 100万吨。中石油重组上市，有48万人进入股份公司，100多万人留在存续企业，通过多种渠道分流了25万富余人员。建材行业全国累计关闭淘汰小水泥厂3 894户，压减生产能力9 450万吨；关闭淘汰小玻璃生产线238条，压减生产能力2 855万重量箱。制糖行业列入关闭名单的150户小糖厂，85户彻底退出。电力行业关停小火电机组1 230万千瓦。

三年脱困期间，国家对580户国有企业共计4 050亿元债务实行“债转股”。国家在三年内累计拿出195亿元国债为国有企业实行技改贴息，共安排重点技术改造国债资金项目880项，总投资规模达2 400亿元。国家加大了兼并破产、减员增效、下岗分流、结构调整的力度，仅在实施兼并破产的1 718户企业中，即涉及500多万职工；由于实施减员增效等措施，共有1 600万职工下岗。三年时间，全国先后有2 100多万名国有企业的职工下岗，其中1 300多万人实现了再就业，100多万人通过企业内部退养等方式得到安置。国家通过各种渠道累计筹集下岗职工基本生活保障资金近800亿元，到2000年年底，全国累计发放养老金4 200多亿元，在3 100多万名享受养老金保险待遇的离退休人员中，有98%左右按时足额领到了养老金。①

截至2000年年底，全国重点监测的1997年亏损的6 599户国有大中型企业有4 800户实现扭亏为盈，脱困率达72.7%；全年国有及国有控股工业企业实现利润2 392亿元，比上年增加1.4倍，是1997年的2.9倍，亏损企业亏损额比上年下降26.7%；全国31个省（自治区、直辖市）的国有工业企业全部实现了整体扭亏或盈利增加，国家重点监测的14个主要行业，到2000年年底已有12个行业实现了整体扭亏或继续增盈，煤炭、军工两个行业的亏损额也大幅度减少；通过改组、联合、兼并、租赁、承包经营和股份合作制、出售等多种形式，促进了国有小企业经营机制的转换和经营状况的改善。全年国有小

---

① 邵宁，周放生，熊志军．中国企业脱困报告[M]．北京：经济管理出版社，2002年1月，第26页。

企业实现利润 48.1 亿元，结束了连续 6 年净亏损的局面。中共中央确定的国有企业改革与脱困“三年目标”已基本实现。

## 三、国有企业的制度完善时期（2003—2012 年）

经过 20 多年的经济体制改革和国有企业改革，社会主义市场经济体制的基本框架已经建立，国有企业建立现代企业制度已成雏形。经过“三年脱困”，国有企业经济效益全面好转，宏观经济形势也持续景气。随着国有资产管理体制改革的推进，国有企业改革进入了由出资人推动的新时期。

这个时期的改革，是在我国经济体制转轨基本完成，社会主义市场经济体制基础已经确立，统一开放、竞争有序的现代市场体系初步形成，现代企业制度初步建立，在新的国有资产管理体制下，以中央企业和大企业为主体，以发展混合经济为主要内容的改革。2002 年 11 月召开的中共十六大，明确提出了建立代表国家履行出资人职责的国有资产管理机构，改革国有资产管理体制的要求，即“建立中央政府和地方政府分别代表国家履行出资人职责，享有所有者权益，权利、义务和责任相统一，管资产和管人、管事相结合的国有资产管理体制”。2003 年10 月召开的中共十六届三中全会提出了要建立现代产权制度，即“建立归属清晰、权责明确、保护严格、流转顺畅的现代产权制度”，使股份制作为公有制的主要实现形式。① 标志

① 原文：“要适应经济市场化不断发展的趋势，进一步增强公有制经济的活力，大力发展国有资本、集体资本和非公有资本等参股的混合所有制经济，实现投资主体多元化，使股份制成为公有制的主要实现形式。”

着国有企业改革以及经济体制改革自此进入一个以产权制度改革为重点，以调整重大利益关系为目标的深层次攻坚时期。当时有关方面预计，这一阶段的改革将持续到2015年至2020年之间，在这段时期里，与中国经济体制转轨这一特殊历史时期相配套的国有企业的过渡性改革任务将基本完成。在此之后，中国国有经济、国有企业的发展将步入一个趋于常态、相对稳定的发展阶段。

### （一）国有大企业和非竞争性领域国有企业改革阶段（2002—2005年）

进入21世纪以后，国有企业改革的侧重点已经全面从小企业、竞争性领域国有企业的改革全面转向大企业、非竞争性领域国有企业的改革。改革相对滞后的大企业、中央企业加快了自身的市场化改革步伐。通过股权多元化，建立出资人到位、权责明确、相互制衡、监督有效的法人治理结构；通过分离企业的主业和辅业，对辅业进行改制分流，解除传统体制给国有企业留下的历史包袱和社会负担，集中资源做大做强国有企业的主业，参与国际市场竞争，日益成为新世纪国有企业改革的重中之重。

电力、电信、民航、石油、石化等行业的企业进一步深化改革和重组，加快了建立现代企业制度的步伐。电信行业在1999年分拆的基础上，2002年重新组建了中国电信集团（下辖南方21个省市）、中国网通集团（下辖北方10个省市）。民航业通过联合重组，形成了三大航空集团公司和三家民航服务保障企业集团，六大集团脱离了与民航总局的隶属关系。按照“厂网分开”的原则重组发电和电网企业，两大电网公司、五大发电集团公司和四家电力辅业集团公司正式挂牌运营。组建了负责电力企业及电力市场监管的国家电力监督管理委员会。对黄金管理体制进行了改革，组建了中国黄金集团公司。实施“抓大放小”的战略性改组，推动了大公司、大集团的发展及其与中小企业的协作，增强了市场竞争力。

截至 2004 年 10 月底，各地和中央企业实施主辅分离的国有大中型企业 818 家，涉及改制企业 4 572 家，涉及富余人员 100 万人。自中共中央、国务院 1997 年提出“鼓励兼并、规范破产、下岗分流、减员增效、实施再就业工程”以来，国有企业职工人数从最高时的 7 500 万人减少到 2004 年年底的 4 004 万人，① 极大地缓解了长期计划经济体制遗留下来的国有企业冗员过多的矛盾。2002 年国有工业企业户数较 1997 年减少了一半，“抓大放小”取得显著成效。

### （二）国有企业股权多元化阶段（2005—2012 年）

2005 年以后，国有企业改革基本思路是，抓住经济景气的有利时机，加快大型、特大型，尤其是中央企业的改革。改革的主要措施是，国有企业股权多元化；完善公司治理结构；董

---

① “十五”期间国有企业改革与发展取得新的成就[EB/OL]. 国家发改委网站，2006 年 1 月 6 日。

事会改革；建立国有资本经营预算制度。改革的理论指导是，进一步探索公有制特别是国有制的多种有效实现形式，除极少数必须由国家独资经营的企业外，大力发展国有资本、集体资本和非公有资本等参股的混合所有制经济，实现投资主体多元化，使股份制成为公有制的主要实现形式。

通过改组、联合、兼并、租赁、承包经营和股份合作制、出售等多种形式，到 2006 年年底，国有中小企业改制面总体上已经达到80%~90%，许多地方的国有中小企业已经改制完毕。到 2005 年年底，一些沿海地区需要退出市场的政策性关闭破产企业绝大多数已经操作完毕，北京、上海、江苏、浙江、福建五个省（市）已全面转向依法破产。因此，在《“十一五”规划纲要》和 2006 年的《政府工作报告》中明确提出，下一步企业改革主要是推进大型企业的股份制改革。国有大企业的改革方向，是建立规范的现代企业制度。为此，这几年主要采取了以下措施：以财务监督和风险控制为抓手，强化出资人监管；以公开招聘中央企业高级经营管理者为突破口，把党管干部原则和市场化选聘相结合，探索建立适应现代企业制度要求的选人用人新机制；以国有大型企业股份制改革为重点，建立现代企业制度，完善公司法人治理结构；以核定主业和推进联合重组为主线，推进国有企业布局和结构调整；以建立现代产权制度为核心，规范国有企业改制和国有产权转让。

推进国有经济布局的战略调整，仍是国有企业改革的重要内容。而加快建立中央企业国有资本经营预算制度和国有资产经营公司，则是实现这个目标的两个有效手段。探索国有资本经营预算制度的实现形式，是国有企业面临的一项迫在眉睫的制度创新。国有资产经营公司则是国有资产所有者代表和国有资本使用者之间的“中间层次”，主要具有培育主业的投资中心，辅业资产的转化中心，不良资产的加工中心，退出企业的缓冲中心，中小企业、参股企业和特殊企业的管理中心五大功能定位。国有资产经营公司的经营形式主要有：直接从事资产经营；受托经营，如托管企业和托管资产的经营；间接经营，如其下属全资企业和控股企业的产权管理；股权管理，主要是参股企业的股权管理。

通过深化改革，自2003年以来，国有企业经济效益持续改善，2003—2007年，国有企业上缴税金从8 104.5亿元增加到15 700亿元；实现利润从4 951.2亿元增加到16 200亿元，五年时间，上缴税金增长了近1倍，实现利润增长了2.27倍（参见表综·1）。

**表综·1　2003、2006、2007年全国国有企业的相关数据**

| 年 份 | 销售收入（亿元） | | 实现利润（亿元） | | 上缴税金（亿元） | |
|---|---|---|---|---|---|---|
| | 全部国有企业 | 中央企业 | 全部国有企业 | 中央企业 | 全部国有企业 | 中央企业 |
| 2003 | 107 339.7 | 44 748.1 | 4 951.2 | 3 005.9 | 8 104.5 | 3 563.1 |
| 2006 | 161 969.0 | 82 938.7 | 12 242.0 | 7 681.5 | 13 936.9 | 6 822.5 |
| 2007 | 180 000.0 | 98 438.1 | 16 200.0 | 9 968.5 | 15 700.0 | 8 303.2 |

资料来源：根据国资委财务监督与考核评价局《中央企业2003年度总体运行情况》《中央企业2006年度总体运行情况》《中央企业2007年度总体运行情况》整理。

截至2010年年底，国务院国有资产监督管理委员会履行出资人职责的企业（简称“中央企业”）共计120家。拥有国有资本及权益70 791.7亿元，比2010年年初增加7 719.5亿元，增幅为12.2%；比2003年增加4.2万亿元，年均递增13.6%。在全部中央企业中，2010年度实现国有资产保值增值的企业有112家，占93.3%。

2010年，中央企业资产总额244 274.6亿元，比上年增长16%；所有者权益（净资产）总额95 664.9亿元，比上年增长13.9%，其中2010年年底资产总额超过千亿元的企业有57家，比上年增加4家。中央企业平均总资产报酬率为6.1%，比上年上升0.8个百分点，总资产报酬率比上年提高的企业有78家；中央企业平均净资产收益率（含少数股东损益/权益，下同）为9.5%，比上年提高1.9个百分点，净资产收益率比上年提高的企业有79家；中央企业平均成本费用利润率为7.2%，比上年提高0.4个百分点，成本费用利润率比上年提高的企业有63家。2010年实现营业收入超过千亿元的企业有43家，比上年增加5家。在美国《财富》杂志2011年公布的世界500强企业中，中央企业有38家，比上年增加8家，比2003年增加32家。2010年中央企业实现净利润8 522.7亿元，比上年增长42.8%。

2010年中央企业上缴税金总额14 840.4亿元（含石油特别收益金898.9亿元），比上年增长31.7%，比2003年增加11 220.5亿元，7年间年均增加1 602.9亿元，年均递增22.3%。2010年上缴税金总额超过百亿元的中央企业有25家，比上年增加2家，比2003年增加18家。[①]

## 四、中国特色现代国有企业制度创建时期（2013年以后）

自20世纪70年代末开启国有企业改革以来，一直的压倒性主流思路是，若要让国有企业真正走向市场，就必须排除政府对企业的行政干预，必须实行政企分开和不受限制的国有资产所有权转让。到20世纪90年代开始推广现代企业制度试点时，更是把政企分开作为改革的核心内容。但是经过多年的国有企业改革实践，政企分开始终成效甚微。反思多年的国有企业改革历程，人们重新意识到，在国有制的框架内，可能我们根本就无法找到合适的途径来实现政企分开及不受限制的国有资产所有权转让。

从放权让利的国有企业改革，到以产权制度改革为主线的股份制与现代企业制度，都力图把国有企业改造成为自主经营、自负盈亏的市场竞争主体。这样一种改革逻辑其实隐含了两大理论假定：一是假定国有企业都是低效率的，因而需要通过委托代理理论指导下的机制设计来解决国有企业的低效率难题；二是假定国有企业作为经济组织等同于普通的市场经济组织，因而需要按照普通市场经济组织的模式以产权明晰化原则来重构国有企业的治理结构。而要满足以上两大假定，就必须通过

---

① 国务院国资委财务监督与考核评价局．中央企业2010年度总体运行情况［EB/OL］．国资委网站，2011年10月14日。

产权制度改革来解决国有企业政企不分及所有权不可转让的难题。但是，从逻辑上来说，这种可能性几乎是不存在的。

一是在国有制的框架内，国有企业无法实现彻底的“政企分开”。因为无论采取哪种形式，政府始终是代表全体公民行使国有资产终极所有权的委托人，如果在国有企业改革中政府通过行使“退出权”等途径来实现政企分开，则将可能造成国有制的名存实亡；如果政府仍然履行委托人职能，则不管采用何种企业组织形式，行政干预都不可避免，从而企业难以成为真正的市场主体。

二是在国有制的框架内，国有企业无法解决所有权不可交易的难题。因为所有权一旦可以自由转让，企业的国有制性质就很难保住，这就是为什么国有企业改制上市后一定要将股份界定为国有股、法人股、个人股的原因。而如果保持政府控股，那么在国有企业股份制改造时的潜在风险则是国有资产流失。因为在现实中往往存在“廉价投票权”的问题，持有国有企业股权的官员一方面可以行使国有股投票权，另一方面作为个人又不用承担投票结果的后果。在这样的情况下，企业内部人就有从官员手中收买廉价投票权并以此为自己牟利的可能。这也正是国有股权改造过程中官员与企业内部人相互勾结造成国有资产流失的原因。

经过多年的国有企业改革实践，人们逐渐认识到，国有企业是一类特殊的企业，是肩负了国家政策性负担和社会性负担的多目标的微观主体，其性质、功能、目标的特殊性，决定了其是特殊的市场经济组织，不能简单用市场经济中一般企业的标准去评价和衡量，也不应该简单用企业的账面财务指标去衡量企业的好坏。对于一些国有企业而言，也许本来就不能或不应该实现真正的“政企分开”。在确定具体的国有企业改革思路时，应当考虑企业在市场经济中的地位和作用，所提供产品的性质，所处行业的差异。对于该国有的企业，政府就应当好好管理，没有必要进行市场化，更要避免过度市场化；对于该市场化的企业，政府就必须坚定推进产权制度改革，以解决政企不分与所有权不能转让的难题。合理界定国有资本与民营资本适宜发挥作用的领域，通过国有资本合理流动与优化配置实现国有资本向国计民生行业的集中。从某种意义上说，国有企业分类改革，可以说是国有经济布局战略性调整与国有企业战略性改组思路的深化。

中共十八届三中全会通过的《中共中央关于全面深化改革若干重大问题的决定》指出，“国有企业属于全民所有，是推进国家现代化、保障人民共同利益的重要力量”。2016 年 10 月 10 日，习近平总书记在全国国有企业党的建设工作会议上发表重要讲话时，进一步强调：“国有企业是中国特色社会主义的重要物质基础和政治基础，是我们党执政兴国的重要支柱和依靠力量。”“发挥企业党组织的领导核心和政治核心作用，保证党和国家方针政策、重大部署在国有企业贯彻执行，是我国国有企业的光荣传统，是国有企业的‘根’和‘魂’，是我国国有企业的独特优势。”划分国有企业的不同类别，分类推进国有企业改革，加强和改进党对国有企业的领导，将党建工作总体要求纳入国有企业章程；明确国有企业党组织在公司法人治理结构中的法定地位，是新时期国有企业改革的两大特点。

新时期国有企业改革路径的设计思路，可以概括为市场化导向、股份制、分类改革、混合所有制四个元素。

新时期国有企业改革的目标，可以概括为一个总原则、两个不动摇、三个有利于的“一二三”目标。

“一个总原则”：体现全民所有，为人民服务的性质和要求。一方面，要坚持国有资本的收益属于全体人民，由社会共享，并将收益更多用于保障和改善民生；另一方面，要让国有资本的投资运营服务于国家战略目标，在保障国家安全、人民利益、科技进步与生态文明方面发挥更大的功效。

“两个不动摇”：一是坚持国有企业在国家发展中的重要地位不动摇；二是坚持把国有企业搞好、把国有企业做大做强做优不动摇。新时期的国有企业改革，不仅要注重规模的扩大，更要注重质量的提升；不仅要强调经济效益，更要彰显社会效益；不是简单的合并兼并，而是产业的合理布局与功能的全新定位。

“三个有利于”：推进国有企业改革，要有利于国有资本保值增值，有利于提高国有经济竞争力，有利于放大国有资本功能。这“三个有利于”，是国企改革的目标方向和检验标准，使国企改革的脉络更加清晰、思想更加明晰。

新时期的国有企业改革，是攻坚克难、砥砺奋进的改革，坚持奔着问题去，在试点先行中全面推进，在重点突破中亮点纷呈。

一是顶层设计周密全面。改革从以往的“摸着石头过河”或“撞击反射”式改革，到更加注重顶层设计和整体推进。中共十八届三中全会《中共中央关于全面深化改革若干重大问题的决定》（简称《决定》）发表后，中共中央、国务院紧接着下发了《关于深化国有企业改革的指导意见》（中发〔2015〕22号），截至2017年7月末，中共中央办公厅、国务院以及国务院相关部委已相应制定了贯彻落实中发〔2015〕22号文件的22个专项改革意见或方案（简称国有企业改革“1+N”文件体系）。[7]与国有企业改革“1+N”文件体系相配套，五年来中央各部门出台了102个政策文件，各地结合实际出台落地文件达到926个，共同构成了国企改革设计图和施工图，确保了国企改革改有方向、改有目标、改有遵循。这在改革开放以来尚属首次。

二是分类改革扎实推进。中共十八届三中全会《决定》改变了过去将国有企业改革“一刀切”的做法，将国有企业分为商业类和公益类，推动国有企业同市场经济深入融合，促进国有企业经济效益和社会效益有机统一。截至2017年上半年，中央企业功能界定与分类已经完成，29个省（市、区）出台了分类意见或方案。

三是公司制股份制改革加快推进。中央企业各级子企业公司制改制面达到92%，2017年内集团层面将全部完成公司制改革。截至2017年9月末，19个省（市、区）国资委监管的一级企业全面完成公司制改革。

四是混合所有制改革稳妥有序。中央企业层面已开展3批50家混合所有制改革试点，第一批试点在2017年内取得实质性进展和突破。电力体制、盐业体制、石油天然气体制等重点行业改革取得突破性进展。中央企业二级子企业的混合所有制占比超过50%，超过2/3的中央企业引进了各类社会资本，中央企业10家子公司员工持股试点全面实施。截至2017年9月末，中央企业混合所有制面占到68%以上；省属一级企业改制面达到95.8%。

五是国有经济布局结构调整取得了明显的优化和提高。中共十八大以来，先后完成了对南北车、宝钢、武钢、中国远洋海运等18组34家企业的重组。新组建了中国航发、中国铁塔两家公司，中央企业总数从117家调整至2017年的98家，各省级国资委出资企业开展了171组重组整合，国有资本布局结构不断优化，国有企业在供给侧结构性改革中发挥了积极引领和带动作用。通过横向合并，强化了规模效应，2017年有48家中央企业入围了世界500强，行业的带动力和影响力显著提升。全面开展压缩管理层级、减少法人户数工作，中央企业累计减少法人5 744户，减少人工成本267.78亿元，减少管理费用101.5亿元，有力推动企业更加聚焦主业、优化主业、做强主业。坚决退出过剩产能，2016年国有企业共退出钢铁产能4 230万吨，占全国退出产能的80.8%；共退出煤炭产能20 629万吨，占全国退出产能的71.1%；共清理退出“僵尸企业”4 977户，涉及资产 4 119. 9 亿元。

六是国有资产监管体制进一步完善。以管资本为主加快推进职能转变，国资委取消下放各项职能 43 项，调整 34 项职能，32 个省级国资委制定了监管权力和责任清单，下放职能 563 项，力度都是前所未有的。中央企业投资公司、运营公司试点达到了 10 家，18 项权力授权下放。同时国资委加强了监管，特别是加强了推动出资人监管、外派监事会监管与审计、巡视等协同配合，形成合力，进一步把监管这张网织密、织牢，防止国有资本流失。

七是市场化经营机制加快形成。开展经理层市场化选聘、契约化管理、任期制考核，积极探索职业经理人制度，在经营管理人员能上能下、薪酬能高能低、员工能进能出上取得新的实质性进展。

八是国有企业党的建设工作空前重视和加强。围绕解决国有企业党建工作虚化、弱化、淡化、边缘化问题，从严落实管党治党责任，着力抓好党建工作重点任务，国企党建工作呈现良好态势。党的意识明显增强，抓党建、强党建的氛围更加浓厚，党组织凝聚力战斗力不断提升。职工的精神面貌、干部的精神面貌、企业的精神面貌都发生了明显的改变。

中央企业认真落实创新驱动发展战略，抓住世界科技革命和产业变革的机遇，加大原始创新、自主创新、协同创新的力度，取得了显著的成效。

一是国民经济发展压舱石作用更加突出。2017 年，中央企业资产规模达到53.8万亿元，户均资产5 400亿元，比2012年翻了一番。五年来，中央工业企业营业收入较上一个五年增长66.6%，增收额占中央企业整体收入增量的65.7%；工业企业利润较上一个五年增长26%，增利额占中央企业整体利润增量的53.5%，逐步展现出强劲的增长动力，振兴实体经济迈出坚实步伐。2017年前11个月，全国国资监管企业营业收入44.1万亿元，同比增长15.6%；利润总额2.5万亿元，同比增长22.4%。其中，中央企业营业收入23.6万亿元，同比增长14.3%；利润总额1.3万亿元，同比增长17.2%，增速创近五年同期最好水平。近五年中央企业上缴税费10.3万亿元，比上一个五年增长63.5%，占财政收入比重达14.7%。

二是国有经济支柱地位更加稳固。中央企业不断加大电力、石油石化、电信和军工等国民经济基础性、支柱性、战略性产业的投资力度，五年来累计完成固定资产投资12.7万亿元，较上一个五年增长18.8%，其中：电力企业累计投资4.5万亿元扩大装机容量，承担了全国约70%的发电量；电网企业提供全国95%以上的用电量，保障了全社会电力需求；石油石化企业累计投资超过3万亿元，承担国家战略油气储备使命和油气管线建设运营任务；电信企业累计投资1.8万亿元，加快信息产业迭代升级；军工企业在核工业、航天、航空、海洋及常规武器装备等方面取得多项重大突破，促进我国国防现代化水平和综合国力进一步提升。

三是经济发展新旧动能加快转换。中央企业布局结构更趋优化，石油、电力、钢铁等传统重化工业资产占全部中央企业资产的比重为 35.5%，较 2012 年下降了 9.4 个百分点；建筑、交通运输、商贸等现代服务业资产占比提高了 8.7 个百分点。截至 2016 年年底，中央企业拥有研发人员 80.8 万人，两院院士 226 名，国家级研发平台 632 个，累计拥有有效专利 48.6 万项。中央企业获得的国家科技进步奖和技术发明奖，占获奖总数的 1/3，特等奖和一等奖占比更高。五年来，中央企业研发经费累计投入 1.7 万亿元，相当于全国研发经费的 1/4；累计获得国家科技奖励 424 项，占同类奖项总数的 1/3。

A
Brief
History
of
China's
State-owned
Enterprises
Reform

第六章

# 中国国有企业产权多元化历程

*国有企业产权结构多元化经历了漫长的历史过程。从国有国营的单一所有制结构到所有权与经营权“两权分离”的早期实践；从探索公有制多种实现形式到明晰产权建立现代企业制度；从国有企业股份制改造思路提出到理论界的反复争论与实践中的缓慢发展；从国有中小企业大规模改制到企业股权多元化迅速发展；从股份制是公有制的主要实现形式到混合所有制经济是基本经济制度的重要实现形式。认识不断深化，思路也逐渐清晰。*

## 一、股份制试点起步阶段（1984—1987 年）

在国有企业改革的各项措施中，股份制可以说是伴随着其他各项改革措施的轮番推进一直走过来的。随着“放权让利”改革的推进，掌握了企业控制权的经营者对企业经营负盈不负亏，使作为出资者代表的政府监管层陷于进退维谷的尴尬境地，当初改革决策层在寻找改革突破口时，就已经考虑用股份制来改造国有企业了。只是因为各方面的原因，股份制从谨慎试点到逐渐肯定再到全面推进，走过了极不平坦的漫长路程。

股份制早在政界和学界尚未引起重视之前就已经开始了实践中的探索。在城市，1980 年哈尔滨松江木器厂尝试以集资入股的办法搞股份制经济，既扩大了生产能力，又使企业呈现勃勃生机。在农村，1984 年在广东深圳市沙井镇万丰村出现的“万丰模式”则是股份制在农村的最早尝试。这是改革开放以后股份经济思想在中国大地的首次萌生。

理论界关注国有企业的产权问题是在 20 世纪 80 年代中期。最早提出产权问题的是世界银行驻北京办事处主任、菲律宾籍华人林重庚，他在 1984 年世界银行对中国经济的考察报告《中国：长期发展的问题和选择方案》中，针对中国的国有企业改革问题，提出可以借鉴西方的股份制企业形式，把国有企业的财产划分为股份，分别由各政府主管部门持股，建立社会主义合股所有制。① 这个建议在当时虽然没有具体化，却引起了当时的国务院领导人的高度重视，布置国家体改委等有关部门展开研究。为此，1984 年 4 月在江苏常州召开的城市经济体制改革试点工作座谈会提出，对城市的集体企业和国有小企业要进一步放开，“允许职工投资入股，年终分红”。1984 年 7 月 25 日，新中国第一个股份公司——北京天桥百货股份有限公司应运而生。

1984 年年末发生的宏观经济总需求膨胀，促使一些经济学家开始思考收入膨胀与企业行为的关系问题。人们在分析总需求膨胀形成的根源时发现：之所以会造成总需求膨胀，是因为企业和职工的收入膨胀，以及企业投资欲望的膨胀，而造成消费需求和投资需求膨胀的根源，又在于企业行为不合理。从解决企业行为不合理入手，1985 年年初，青年经济学者吴稼祥、金立佐率先在国内提出了在企业实行股份制，以彻底摆脱政府行政控制的设想。② 紧接着，华生等一些青年学者也先后提出重新评估原有国有资产、再造微观经济基础的观点。③

1984 年 10 月中共中央发布《中共中央关于经济体制改革的

① 参见世界银行 1984 年经济考察团．中国：长期发展的问题和选择方案：主报告[M]．北京：中国财政经济出版社，1985 年 10 月。

② 参见吴稼祥，金立佐．股份化：进一步改革的一种思路[J]．经济发展与体制改革，1985 年，第 1 期。

③ 参见华生，何家成，张学军，罗小朋，边勇壮．微观经济基础的重新构造[J]．经济研究，1986 年，第 3 期。

决定》(简称《决定》),给试行股份制以政策性的支持。《决定》指出,“全民所有制经济是我国社会主义经济的主导力量,对于保证社会主义方向和整个经济的稳定发展起着决定性的作用,但是全民所有制的巩固和发展决不应以限制和排斥其他经济形式和经营方式的发展为条件……坚持多种经济形式和经营方式的共同发展,是我们长期的方针,是社会主义前进的需要”。① 这段论述,虽然没有明确支持股份制的改革试点,却给试点鼓起了勇气。在《决定》中解放思想、勇于探索,寻求多种经济形式共同发展思想的指引下,1984 年 11 月 18 日,上海飞乐音响公司试行股份制,开始在本厂职工中发行股票,后来改名为飞乐音响有限公司,并向社会公开发行股票,这是新中国第一张符合规范的股票。

到 1985 年,股份制的触角已伸到我国的金融业、轻工业、林业和水产业。[8]1985 年 10 月,新中国第一家代理和转让股票的证券公司——深圳特区证券公司正式成立,它专门从事股票的发行、转让和管理工作,我国中断了 30 多年的证券交易业务从此正式恢复。1986 年 9 月 26 日,中国工商银行上海信托投资公司静安证券业务部宣告营业。此后,沈阳、北京、广州等地也先后成立了证券交易市场。

1986 年,以施耐德主席为首的德国“五贤人委员会”访华代表团,在与国家体改委主任安志文座谈中国国有企业改革问

---

① 中共中央关于经济体制改革的决定[M]. 北京:人民出版社,1984 年 10 月,第 32~33 页。

题时，回答了上一年该代表团访华时国务院领导曾咨询他们对中国国有企业改革的建议。他们明确提出：发展股份制是一种好形式，既可以保持国有企业的国有性质，又有可能避免国有企业的政企不分积弊，哪怕是国家股份很大，但它的一套操作办法可以避免政企不分的问题。德国专家的建议，使中央政府对股份制给予了更多的重视和研究。

1986 年 7 月，国务院决定重新组建交通银行。这是我国第一家全国性的股份制金融企业，它的成立标志着股份机制已引入金融业。继此之后出现的深圳发展银行，是由国家、企业和私人三方合股的区域性股份制商业银行。该行于 1987 年 5 月，在吸收特区内 6 个信用社资金的基础上，以自由认购形式向社会公开发行人民币普通股（每股面值 20 元）。该行在管理上实行股东大会制和董事会领导下的总经理负责制，在建立资金市场和推进银行企业化的改革上迈出了新的步伐。

面对股份制经济的早期发展，中共中央和国务院曾给予了积极支持。1986 年 12 月，国务院在《关于深化企业改革增强企业活力的若干规定》中明确指出："各地可以选择少数有条件的全民所有制大中型企业，进行股份制试点。"在这以后，股份制经济在我国有了较快的发展。据不完全统计，到 1986 年年底，我国已有股份制企业 6 000 余家，股票集资额达 60 多亿元。

1987 年 3 月，国务院发布了《关于加强股票、债券管理的通知》。在 1987 年 10 月通过的中共十三大报告上，对股份制试点作了正面肯定："改革中出现的股份制形式，包括国家控股和部门、地区、企业间参股以及个人入股，是社会主义企业财产的一种组织方式，可以继续试点。”从此政府逐渐加大对股份公司的规范化管理，股份公司开始按照国际惯例设立和运作，股票发行更加规范，真正意义上的股票发行数量也越来越多。

1987 年 1 月，上海真空电子器件公司向社会公开发行股票，成为我国第一家实行股份制的大中型国有企业。从而拉开了国营大中型企业股份制试点的序幕，股份制试点进一步扩大和深化。到 1988 年，全国的股份制企业已有 6 000 多家。上海、深圳出现了股票的公开柜台交易，沈阳、武汉、成都等地也出现了股票的公开交易或场外交易。成立了一批专门从事股票发行、转让或交易相关业务的证券公司，从而为股票市场的发展奠定了市场基础。但当时理论界和企业界对股份制的认识并不统一，加上缺少规范，某些地区、某些企业在试行股份制中出现了任意提高股息率和分红率，随意低估国家资产，不能正确处理承包制和股份制的关系，有的地方出现了一哄而起的现象。中共中央和国务院决定采取慎重稳妥试行的方针。1988 年，中共中央和国务院领导人在讲话中反复强调试行股份制要稳妥，要以公有制为主。

## 二、股份制改造缓慢发展阶段（1987—1992 年）

1987—1988 年，股份制试点进入了慎重推进阶段，各地的试点逐步向着规范化方向发展。1987 年 5 月，深圳市的深圳发展银行，遵照《深圳经济特区国营企业试点的暂行规定》，以自由认购形式向社会发售普通股 79.5 万股。因当时社会上对股票缺乏认识，只认购了 39.65 万股，完成计划 49.9%；发行价格为每股 20 元，实收金额 793 万元。1988 年 2 月，该行又以自由认购形式发行港币优先股 10 万股，发行价格为每股 100 港元，实收股金 1 000 万港元。深圳发展银行是中国首家挂牌买卖股票的金融机构，也是中国首家发行外汇优先股的银行。随后，深圳市金田实业股份有限公司（原为深圳市纺织工业公司下属的一家国有企业），于 1988 年 2 月发行股票 2.74 万股，每股面值为 100 元人民币。其股份构成为：国家股（市纺织工业公司持有）为 1.1 万股，占总股份的 40.1%；企业集体股为 1.1 万股，占总股份的 40.1%；法人股（发展银行）1 000 股，占总股份的 3.6%；内部职工股 4 400 股，占总股份的 16%。深圳市金田实业股份有限公司是深圳市首家国有企业改组成的股份有限公司，也是深圳市首家探索设置企业股的股份公司，它的改革引起了社会的关注。

与深圳市相呼应，部分省市也扩大了股份制的试点范围。上海市将股份制企业向规范化迈进并拟开拓良好的证券市场；北京市决定逐步推广股份制，北京天桥百货股份有限公司于 1988 年发行了第二期股票 700 万元；四川省在 40 多家国有大中型企业和企业集团中试行股份制；山西省太原市制定了《关于集体经济股份制试点指导方案》，准备在集体企业中推行股份制；福建省制定了《股份制企业暂行办法》和《股票管理暂行办法》，准备有秩序地发展股份制企业。

截至 1988 年 10 月，仅据 16 个省市的不完全统计，共成立股份制企业 3 827 家。其中：北京市 9 家；上海市 8 家（股金 6.5 亿元）；湖南省 766 家；沈阳市 323 家；山西省二轻系统 900 多家；甘肃省 21 家；广东省 312 家（股金 2.4 亿多元）；重庆市 7 家；西安市 262 家；四川省 60 家；太原市 61 家；山东省 966 家；大连市 23 家；绍兴市 49 家；蚌埠市 51 家；武汉市 9 家。股份制在搞活国有大中型企业中的积极作用，在这五年试行期间已初露端倪。事实证明，它是颇具生机和活力的经济形式。深圳市在总结股份制改革的实践经验时指出，股份制有效地转变了国有企业的机制，增强了企业活力。传统的国有企业，积累、分配、发展三者之间的关系，难以形成最佳结合点。实行股份制，国家与职工、个人共同拥有企业的产权，利益、风险牢牢地捆在一起，企业的积累、分配和发展成为全体股东共同追逐的目标，这种内在的运行机制客观有效地建立起来，就使企业的经济效益大大增强。

1990 年 11 月 26 日，经国务院授权、中国人民银行批准，上海证券交易所正式成立。当日举行成立大会暨第一次会员大会，这是改革开放以来在大陆开业的第一家证券交易所。交易所于 12 月 19 日正式开业。截至 1990 年年底，我国共有 4 750 家企业发行了各种形式的股票，共筹资 42.01 亿元。其中，公开发行股票筹资 17.39 亿元，非公开发行筹资 24.62 亿元。

1991 年 11 月 30 日，上海首次发行总计 1 亿元面额共 100 万股的人民币特种股票（B 种股票），由上海真空电子器件股份有限公司向境内外发行。这是中华人民共和国成立以来国内企业首次向境外发行股票。

## 三、国有中小企业大规模改制阶段（1993—1997年）

1992年邓小平南方讲话发表以后，股份制试点再次掀起高潮。4月28日，国务院发出《关于批转国家体改委、国务院生产办〈关于股份制企业试点工作座谈会情况的报告〉的通知》。《通知》指出，股份制企业试点工作是一项政策性强、涉及面广的重要改革，因此必须加强领导，既要大胆试验，又要稳步推进，严格按照规范化的要求进行。《关于股份制企业试点工作座谈会情况的报告》提出下一步进行股份制试点的指导思想是：坚决试，不求多，务求好，不能乱。严格按照基本规范进行试点，试出效果来。《报告》提出：向社会公开发行股票、股票上市交易的股份制企业的试点，目前仅限于上海、深圳两市；向社会公开发行股票、股票不上市交易的股份制企业的试点，目前限定在广东、福建、海南三省；其他地方主要进行法人持股的股份制企业和企业内部职工持股的股份制企业的试点。据《报告》公布的材料，到1992年年初，全国共有各种类型的股份制企业3 220家（不含乡镇企业中的股份合作制企业和中外合资、国内联营企业）。其中企业之间法人持股和内部职工持股的试点企业约占股份制企业总数的95%以上。

1992年5月15日，国家体改委、国家计委、财政部、中国人民银行、国务院生产办印发《股份制企业试点办法》。这是中华人民共和国成立以来第一个关于股份制试点的全国性文件，其对试点的目的、原则、企业的组织形式、组建和审批等做了规定；确定企业股权设置分为国家股、法人股、个人股、外资股四种形式。随后，政府有关部门先后颁发配套政策，这些政策是：国家体改委《股份有限公司规范意见》和《有限责任公司规范意见》；财政部、体改委《股份制试点企业会计制度》《股份制试点企业财务管理若干问题的暂行规定》；劳动部、体改委《股份制试点企业劳动工资管理暂行规定》；物资部、体改委《关于股份制试点企业物资供销管理暂行规定》；国家税务局、体改委《股份制试点企业有关税收问题的暂行规定》；国家计委、体改委《关于股份制试点企业宏观管理的暂行规定》；审计署、体改委印发《股份制试点企业审计暂行规定》；国家土地管理局、体改委《股份制试点企业土地资产管理暂行规定》；国家国有资产管理局、体改委颁发《股份制试点企业国有资产管理暂行规定》。一系列法规性文件，为规范股份制试点奠定了制度基础。

1992 年 10 月，中共十四大报告对股份制试点继续持肯定态度："股份制有利于政企分开、转换企业经营机制和积聚社会资金，要积极试点，总结经验，抓紧制定和落实有关法规，使之有秩序地健康发展。"股份制试点从此呈加速推进的态势。10 月 12 日，国务院办公厅发出通知，成立国务院证券委员会（简称证券委），由朱镕基兼任主任，撤销原国务院证券管理办公会议。并决定成立中国证券监督管理委员会（简称证监会），由刘鸿儒任主席。

1993年4月22日，国务院颁发了《股票发行与交易管理暂行条例》。这是中华人民共和国成立以来我国出台的第一个关于股票发行与交易管理的全国性法规。《条例》明确规定，股票的发行与交易，应当遵循公开、公平和诚实信用的原则；国务院证券委员会是全国证券市场的主管机构，中国证券监督管理委员会是证券委的监督管理执行机构。为进一步规范股份制试点的操作，5月15日，国务院办公厅发出《关于执行〈股份有限公司规范意见〉的通知》。《通知》明确：为保证股份制试点工作顺利进行，在国家规范股份有限公司的法律、行政法规公布前，国家体改委发布的《股份有限公司规范意见》具有政府部门规章的法律效力。6月26日，国务院发出《关于同意上海石化总厂等9家企业股票到香港上市的通知》。这些股票被统称为H股，以区别于B股（人民币特种股票）与A股（人民币普通股票）。7月1日，国家体改委颁发《定向募集股份有限公司内部职工持股管理规定》，文件明确了内部职工持股的范围，股权证及持有卡，内部职工持股的审批、转让、管理等内容。7月26日，中国首家境外上市公司股票——上海石油化工股份有限公司股票同时在美国纽约证券交易所和香港联交所挂牌交易，上市H股总数达16.8亿元。

1993年11月，中共十四届三中全会通过《中共中央关于建立社会主义市场经济体制若干问题的决定》，对股份制给予了更加明确的肯定："具备条件的国有大中型企业，单一投资主体的可依法改组为独资公司，多个投资主体的可依法改组为有限责任公司或股份有限公司。上市的股份有限公司，只能是少数，必须经过严格审定。"[①] "要通过试点，逐步推行，绝不能搞形式主义，一哄而起。"[②] 为了落实《决定》的精神，国家经贸委、体改委会同有关部门，选择100户不同类的国有大中型企业进行建立现代企业制度的试点。各地也根据本地区的实际情况，先后选定了2 500多家国有企业参与现代企业制度试点。到1997年试点结束时，全国2 343家现代企业制度试点企业，共有84.8%的企业实行了不同形式的公司制改造，其中改制为股份有限公司的有540家，占23%。

1997年9月召开的中共十五大，对股份制作了全面肯定，提出了"三个有利于"的观点，即"股份制是现代企业的一种资本组织形式，有利于所有权和经营权的分离，有利于提高企业和资本的运作效率，有利于扩大公有资本的支配范围，增强公有制的主体作用"。

## 四、企业股权多元化迅速发展阶段（1998—2003年）

1999年9月22日，中共十五届四中全会通过的《中共中央关于国有企业改革和发展若干重大问题的决定》突破了传统的公有制理论，明确提出了要大力发展股份制。强调"在社会主

---

① 中共中央关于建立社会主义市场经济体制若干问题的决定[M]. 北京：人民出版社，1993年11月，第7页。

② 中共中央关于建立社会主义市场经济体制若干问题的决定[M]. 北京：人民出版社，1993年11月，第7~8页。

义市场经济条件下，国有经济在国民经济中的主导作用主要体现在控制力上。国有经济的作用既要通过国有独资企业来实现，更要大力发展股份制，探索通过国有控股和参股企业来实现”。“国有资本通过股份制可以吸引和组织更多的社会资本，放大国有资本的功能，提高国有经济的控制力、影响力和带动力。国有大中型企业尤其是优势企业，宜于实行股份制的，要通过规范上市、中外合资和企业互相参股等形式，改为股份制企业，发展混合所有制经济，重要的企业由国家控股。”大力发展股份制的政策导向，推动了我国企业产权多元化的迅速发展。

这一阶段的企业产权多元化，主要通过三个途径：一是国有中小企业产权出让；二是大中型国有企业政策性关闭破产后改制；三是国有大中型企业和部分民营企业上市。

国有中小企业产权出让起始于20世纪90年代初期开始的民营化改制，起初是具有一定的自发性的小范围的企业改制，后来在地方政府的推动和推广下，在更大范围内实行了这种改制，在山东、河南、广东、四川、辽宁、浙江等地，都出现了大量的各有特色的中小企业的改制模式，尤以山东诸城的企业改制最为引人关注，同时也为此而产生了不少争议，支持和反对的意见都有。1997年秋，党的十五大基本上肯定了中小企业的民营化改制方向，此后大规模的中小企业改制浪潮就在全国形成，出现了各种各样的企业民营化模式。据估计，到2000年为止，在全国大多数地区，县级中小企业的80%已经实行了各种不同形式的民营化改制，包括股份制、股份合作制、个人买断、法人收购兼并、合资等。据对 1995 年全国第三次工业企业普查数据的计算，在服装行业的总产值中，国有企业的比重大约仅占 4.7%；在皮革制品业，该比重仅为 5.9%；家具业的比重为 4.86%。到 2000 年，这些行业已经基本上实现了民营化或非国有化。①

国有企业的政策性关闭破产工作从 1994 年开始试点，1998 年全面铺开，到 2008 年基本结束，2009 年最后收尾。通过政策性关闭破产，大量困难国有企业退出了市场，一共破掉 4 980户国有大中型企业，涉及职工 967 万人。② 政策性关闭破产后的国有企业，少数再生后继续保留着国有企业的性质，绝大部分则改变成产权多元化的企业。

国有大中型企业和部分民营企业上市。20 世纪 90 年代中期，开始进入以国有中小企业改制为重点的大规模改制阶段，到 2000 年，多数地方国有中小型企业的改制面已超过 80%。20 世纪 90 年代末，中央政府重点推动国有大中型企业改制上市，一些国有独资的大中型企业实现了股权多元化，还有一些企业实现了在境内和境外上市。但这个时期国有企业上市普遍采用了分拆上市的方式，即将企业的优质业务分拆出来单独上市，而其他业务则放在原企业，多数分拆上市的国有企业的母体仍是国有独资企业。由于分拆上市带来很多问题，自 2003 年以

---

① 刘小玄．中国企业发展报告（1990—2000 年）［M］．北京：社会科学文献出版社，2001 年 3 月，第 169 页。

② 据国务院国有资产监督管理委员会副主任邵宁 2009 年 11 月 13 日在国务院发展研究中心“双月学术报告会”上所作的报告。自 2010 年 1 月 6 日新华网。

来，国家鼓励大企业整体上市。2001—2003 年是国有企业改制的又一个高潮，各类规模企业的股权多元化的数量都大幅增加。根据国务院发展研究中心与世界银行一项问卷调查提供的数据，2003 年在所有的样本企业中，发生的改制占全部改制的 27%。①

随着国有企业改制进程的加快，上市公司也快速增长。上市公司数量从 1997 年的 745 家增加到 2003 年的 1 287 家，7 年时间增长了 73%（见表综·2）。

这一阶段，同时也是我国资本市场迅速发展的重要时期。1998 年 4 月 7 日，基金金泰、基金开元分别在上交所和深交所上市，成为首批上市的证券投资基金。同年 12 月 19 日《证券法》通过，并于 1999 年 7 月实施，是新中国第一部规范证券发行与交易行为的法律，并由此确认了资本市场的法律地位。

**表综·2　1997—2003 年上市公司数量**

单位：家

| 年份 | 全国 | 上交所 | 深交所 |
|---|---|---|---|
| 1997 年 | 745 | 383 | 362 |
| 1998 年 | 851 | 438 | 413 |
| 1999 年 | 949 | 484 | 465 |
| 2000 年 | 1 088 | 572 | 516 |
| 2001 年 | 1 160 | 646 | 514 |
| 2002 年 | 1 224 | 715 | 509 |
| 2003 年 | 1 287 | 780 | 507 |

数据来源：上海、深圳证券交易所。

① 张文魁．中国国有企业产权改革与公司治理转型[M]．北京：中国发展出版社，2007 年 1 月，第 51 页。

1999年8月18日，国泰君安正式注册成立，总股本37.3亿元，总资产300多亿元，规模超过申银万国，成为中国内地第一大券商，被传媒称为“航母”。10月11日，海南航空A股发行。

2000年8月16日，又驶出一艘航母银河证券。

2001年2月13日，史美伦被任命为中国证监会副主席。5月18日，核准制下第一家上市公司用友软件首日上市，股价最高达到100元，成为第一只上市首日股价达到100元的股票，也是市场第三只股价达到百元的股票。6月14日，沪市出现2 245点的历史最高点。

2003年10月28日，《证券投资基金法》获得人大常委会的审议通过。11月6日，中国人民财产保险股份有限公司在香港上市，成为在境外上市的第一家国有金融企业。12月17日和18日，中国人寿在美国纽约交易所和香港联交所两地上市，筹资35亿美元，成为当年全球最大IPO。

## 五、以中央企业为代表的大型企业股权多元化阶段（2003—2013年）

2003年，中共十六届三中全会通过的《中共中央关于完善社会主义市场经济体制若干问题的决定》，第一次提出使股份制成为公有制的主要实现形式，指出，“大力发展国有资本、集体资本和非公有资本等参股的混合所有制经济，实现投资主体多元化，使股份制成为公有制的主要形式”。[①] 第一次提出“建立归属清晰、权责明确、保护严格、流转顺畅的现代产权制度”。建立现代产权制度是建立现代企业制度的必然要求，也是改制后的国有企业产权多元化的必要条件。

2004 年 1 月，《国务院关于推进资本市场改革开放和稳定发展的若干意见》发布。此后，我国进行了包括股权分置改革、提高上市公司质量、综合治理证券公司、大力发展机构投资者、改革发行制度等在内的一系列改革，企业股权多元化进程明显加快。到 2006 年年底，我国全部履行了加入世贸组织时有关证券市场对外开放的承诺。这一时期，合格境外机构投资者（QFII）与合格境内机构投资者（QDII）机制相继建立；大型国有企业集团重组境外上市继续推进；外商投资股份公司开始在我国境内发行上市，外资也被允许对上市公司进行战略投资。

2005 年，《国务院关于鼓励支持和引导个体私营等非公有制经济发展的若干意见》（简称“非公 36 条”）提出，鼓励非公有制经济参与国有经济结构调整和国有企业重组。大力发展国有资本、集体资本和非公有资本等参股的混合所有制经济。鼓励非公有制企业通过并购和控股、参股等多种形式，参与国有企业和集体企业的改组改制改造。配合 2005 年 4 月中国证监会启动的股权分置改革工作。为国有企业改革提供了一个在全国

① 中共中央关于完善社会主义市场经济体制若干问题的决定[M]. 北京：人民出版社，2003 年 10 月，第 14 页。

范围进行资源配置的有效平台，使同一所有制之间和不同所有制之间的资产融合与大额换股并购成为可能；也为民间资本参与国有企业改制，产业整合以及上市公司做优做强产生了积极影响，国有资本与民间资本的融合进一步加速。

2007年党的十七大报告再次强调，要“以现代产权制度为基础，发展混合所有制经济”。在这一思想和政策的指导下，国有企业加快了产权多元化、发展混合所有制经济的步伐，以股份制为主要形式的混合所有制经济迅速发展起来。

截至2008年，国有企业的所有制结构发生了根本性变化。第一，中央企业及其下属子企业的公司制股份制改制面达到64.2%。一批大型国有企业先后在境内外资本市场上市，在A股市场的1 500多家上市公司中，含有国有股份的上市公司有1 100多家，在香港、纽约、新加坡等境外资本市场上市的中央企业控股的上市公司达78户（这里的中央企业仅指国务院国资委直接管理的中央国有企业）。[①] 第二，国有中小企业产权结构也基本多元化。80%以上的地方国有中小型企业已完成了改制；已经改制的国有小企业绝大多数已实现了非国有化。第三，许多中型国有企业已不完全是国有控股或参股，国有大型企业股权多元化的格局已初步形成。到2004年，全国2 903家国有及国有控股大型骨干企业已有1 464家改制为多元股东持股的公司制企业，改制面为50.4%。在省级层面，省级国资委直接持有

① 李荣融．宏大的工程 宝贵的经验——记国有企业改革发展30年[J]．求是，2008年9月，第16期。

全部股权的国有独资的国有企业一般在50家左右，其余的大多数国有企业，实现了股权多元化。① 原国务院国有资产监督管理委员会副主任邵宁指出：经过这几年的改革和调整，国有经济的布局结构已经发生了根本性变化。中小企业层面基本没有国有企业了，主要靠民营企业，国有经济主要布局在大企业层面。②

## 六、全面推进混合所有制改革阶段（2013年以后）

经过多年的股份制改革实践，国有企业的改制面虽然已经达到90%以上，中央企业的改制面也将近75%。很多国有控股企业通过上市或股权多元化，引进外资、民资或其他国有股份，事实上已经形成了混合所有制结构。从总体上看，国有企业资产和营业收入的70%以上已在国有控股公司，即都在国有控股的混合所有制经济之中。从混合所有制所处行业来看，国有控股上市公司分布于包括军工行业在内的十分广阔的领域。

但是，对于已经上市的公司和没有上市的国有控股公司来说，都普遍存在以下几个方面的问题：

一是从股权结构上看，一股独大，一股超大。大多数国有控股的上市公司，国有大股东持股比例在50%以上，有些达到75%以上，甚至有的达到80%以上。如中石油股份公司、宝钢

---

① 陈清泰．重塑企业制度——30年企业制度变迁［M］．中国发展出版社，2008年11月，第129页。

② 邵宁．国有企业与国有资产管理体制改革［EB/OL］．新华网，2010年1月6日。

股份公司、中石化股份公司、工商银行股份公司等。而且，大股东一般不能减持，即使减持，也要层层审批，其结果往往会错失良机。相反，市场剧烈波动，价格严重下跌时，大股东在履行审批程序后还要增持股份。如汇金公司对所持工商银行、建设银行、农业银行、中国银行等上市银行股的不断增持，就是一个典型的例子。面对如此强大的一股独大、一股超大的大股东强势地位，小股东、小散户，甚至中、大规模的基金公司，就只能算是一个被动的财务投资者。他们不可能对公司重大决策发挥什么大的影响力，他们的投资也只能是短期的，主要短线炒作公司股票，并不关心公司的长远发展。

二是从公司治理结构来看，董事会和经理层基本处于行政机制选择状态。无论商业类还是公益类国有企业董事会和经理层的选聘、任命以及薪酬水平都由上级决定，而不由市场决定。独立董事也都由大股东或实际控制人提名，独立董事并不“独立”。小股东的利益或关切常常得不到足够重视和应有保护。

三是从管理和运作来看，由于前述两个原因，使得混合所有制平台的经营效率和效果达不到预期或应有的目标。由于这些混合所有制的上市公司并非一个独立市场主体，其半是“市场主体”，半是政府工具，经营目标多元，管理成本高，工作效率较低，净生产收益率、总生产报酬率等财务绩效指标要低于民营企业和外资企业。只是在经济周期的繁荣阶段，由于市场旺盛，投资活跃，国企上市公司经营情况尚可，但在经济减速萧条时，情况就不容乐观了。

针对上述情况，2013 年中共十八届三中全会提出，“国有资本、集体资本、非公有资本等交叉持股、相互融合的混合所有制经济，是基本经济制度的重要实现形式”。推进国有企业混合所有制改革，“有利于国有资本放大功能、保值增值、提高竞争力”。同时，也“有利于各种所有制资本取长补短、相互促进、共同发展”。从国有经济角度看，通过吸纳、借鉴其他资本灵活高效的机制，促进国有企业转换经营机制；通过控股、参股等手段，使国有资本与非国有资本在同一企业法人实体中实现共同的战略功能，放大国有资本功能；通过吸收非国有资本参与经营，有利于更灵活有效地配置国有资本，提高国有资本配置和运行效率。从其他所有制经济角度看，其他资本也可以吸纳和借鉴国有资本的优势和长处，实现各种所有制经济取长补短、相互促进、共同发展。

改革开放以来，我们一直在努力寻找公有制和基本经济制度有效的实现形式。经过 40 多年坚持不懈的努力探索，终于找到了股份制这一“公有制的主要实现形式”和混合所有制这一“基本经济制度的重要实现形式”，这是中国共产党人对社会主义所有制理论的重大贡献。

A
Brief
History
of
China's
State-owned
Enterprises
Reform

第七章

# 中国国有企业领导体制改革历程

*新中国的国有企业领导体制，一直可以追溯到1949年以前的第二次国内革命战争时期。在当时的革命根据地里，共产党建立了一些小型的、以手工业劳动为主的公营企业。对于这些企业的管理，先后采取了“三人团”、厂务会议、工厂管理委员会和职工代表会议等领导体制。*

中华人民共和国成立后，国有企业开始实行工厂管理委员会和职工代表大会制度。工厂管理委员会的职权是，根据上级确定的生产任务，讨论企业各项重大问题。管委会的决议，以厂长命令的形式颁布实施。同时，实行职工代表会议制度，职工代表会议有权听取和讨论管委会的报告，检查管委会的经营管理及其领导作风，对管委会工作进行批评和提出建议。①

1951 年 5 月，东北地区的一部分国有企业学习苏联的企业管理经验，开始实行“生产行政工作的厂长负责制”，即“一长制”。1953 年开始第一个五年计划以后，“一长制”在东北地区得到较广泛的推行。但由于一些企业推行“一长制”以后滋长了主观主义、官僚主义、骄傲自满和独断专行的作风，出现了不尊重党的领导，不注意发扬民主、搞“一言堂”等情况。在 1956 年 9 月召开的中共八大上，决定在国有企业中实行党委领导下的厂长（经理）负责制和职工代表大会制。②“一长制”领导体制从此在企业中全面废除。

从 1956 年中共八大开始到 1984 年的 28 年里，名义上我国

---

① 当代中国丛书编辑委员会．当代中国的经济管理[M]．北京：中国社会科学出版社，1985 年 8 月，第 549 页。

② 当代中国丛书编辑委员会：当代中国的经济管理[M]．北京：中国社会科学出版社，1985 年 8 月，第 548 页。

国有企业一直实行的是党委领导下的厂长（经理）负责制和党委领导下的职工代表大会制。但是这一项制度真正得到贯彻执行的时间并不长，相比之下，受冲击的时间远远比执行的时间长得多。比较认真推行的时间，是改革开放以后的前几年。改革开放40多年来，伴随波澜壮阔的国有企业改革，国有企业的领导体制也经历了漫长的改革历程，大致分为三个阶段时期。

## 一、工厂制国有企业领导体制改革完善时期（1978—1993年）

粉碎“四人帮”以后，国有企业陆续取消了“革命委员会”，重新任命厂长或经理，恢复之前实行的党委领导下的厂长分工负责制，同时也取消了“文化大革命”期间的“工代会”，恢复职工代表大会或职工大会制度。

### （一）恢复党委领导下的厂长负责制和党委领导下的职工代表大会制

1978年，在对工业企业进行恢复性整顿的过程中，解决企业的领导体制问题也提上了议事日程。1978年4月，中共中央颁发的《关于加快工业发展若干问题的决定》，对企业的领导体制作了如下规定：

第一，实行党委领导下的厂长负责制。企业的一切重大问题，都必须由党委集体讨论决定。企业的生产、技术、财务、生活等重大问题，党委作出决定后，由厂长负责组织执行。企业党委要积极支持以厂长为首的全厂统一的生产行政指挥系统行使职权，并监督和检查他们的工作。

第二，实行总工程师、总会计师的责任制，工程技术人员要有职有权，让他们在技术上真正负起责任来。

第三，实行党委领导下的职工代表大会或职工大会制。企业定期举行职工代表大会或职工大会，听取企业领导报告工作，讨论企业有关重大问题。

第四，实行工人参加管理、干部参加劳动和领导干部、工人、技术人员三结合制度。①

自此，国有企业领导体制重新确定为党委领导下的厂长负责制和党委领导下的职工代表大会制度。

然而，党委领导下的厂长负责制正式推行不久，这种体制的弊端也日益显现出来，并集中表现在企业的权力配置上。

从管理学角度对企业权力进行分解，大致可以分解为决策权、指挥权和监督权三类职权。决策权是对企业的生产经营方向、方针以及某些重大措施的决定权；指挥权是根据既定的决策方针，对企业日常生产经营活动进行行政领导；监督权是从企业所有者和利益相关者的权益出发，对企业的决策者和指挥者的行为进行全面监督。三类职权既相互分离又相互制约，才能维护企业所有者和利益相关者的权益，同时又能保证企业具有必需的管理效能。在现代企业制度下，企业的三类职权是分

① 中国经济年鉴编辑委员会．1981年中国经济年鉴[M]．北京：中国经济年鉴社，1981年12月，第108~109页。

离的，公司的股东会、董事会、经理层和监事会共同构成了公司治理结构，并分别掌握着公司的上述职权。[①] 党委领导下的厂长负责制和党委领导下的职工代表大会制，从体制本身来分析，可以说也是三权分离的。由企业党委行使决策权，厂长（经理）行使指挥权，职工代表大会行使监督权。理论上说得清楚，但是在实际操作上则存在很多问题。

一是权力结构设计不合理。党委领导下的厂长负责制，就是明确企业党组织是企业的最高决策机构，掌握着企业的决策权。这本来应该只是对企业的重大问题进行决策，但是在多数企业，却变成了事无巨细都必须经过党委讨论集体决定，都得听从党委的领导。于是，厂长（经理）在企业成了具体执行者，不能发挥集中统一指挥的作用，无法实现企业管理所必须的管理效率。而作为民主管理权力机构的职工代表大会，在实际运行中也很难起到有效的监督作用。形式上厂长（经理）要定期向职工代表大会作工作报告，但重大决策都是由党委作出的，厂长（经理）只是执行者，职工代表大会的监督内容非常有限。企业的同志形象地说：党委领导下的厂长负责制和党委领导下的职工代表大会制，实际上是“党委发号召，厂长作报告，代表举举手，工会跑龙套”。

二是难以保证决策的科学性和有效性。实行党委领导下的厂长负责制和党委领导下的职工代表大会制，在实际工作中变成了党委包办一切。但是根据党委会的构成原则，党委委员不

① 这里的表述是以我国《公司法》规定的公司治理结构为基础的。

可能都是经济、管理和技术人员，实际上多数都不是经济、管理和技术人员。于是，多数企业的决策权和指挥权，实际上集中在一些不太懂经济、不太懂技术，也不太懂管理的干部手中，往往造成生产经营中的瞎指挥。而党组织的大量精力陷于行政事务之中，客观上也造成了党不管党的现象，削弱了党在政治上的领导作用。

三是责任与权力严重错位。党委领导下的厂长负责制，党委会是最高决策机构。理论上讲党委会的决策原则是民主集中制，实际操作中党委会的班长党委书记成了最高决策者，党委领导下的厂长负责制成为事实上的党委书记一长制。党委书记行使决策权，却不具有法人代表资格，可以不必承担经济责任。厂长（经理）是企业的法定代表人，没有决定权，但是必须承担决策失误的经济责任。党委书记有权无责，厂长（经理）有责无权。这种责任与权力分离的现象，造成企业管理上的许多困难。随着改革逐渐深化，人们对企业性质的认识逐渐形成了“企业是相对独立的商品生产者和经营者”这一共识。那么，“经过国家批准注册的企业，在法律上具有‘法人’地位，要以法人身份，对企业经营活动承担经济责任和法律责任。如果由党委行使决策权，势必也应由党委承担这种法律责任，这显然是不适宜的”。①

随着改革的深化，人们认识到党委领导下的厂长负责制和党委领导下的职工代表大会制“不仅从体制结构本身来说存在

---

① 蒋一苇．论社会主义企业的领导体制[J]．红旗，1980年，第21期。

着许多矛盾，而从今后的经济管理体制改革的方向来看更难以适应。因此在积极进行经济管理体制的改革中，不能不同时研究企业内部的领导体制问题”。①

但是，对于上述问题，人们的认识并不一致。一种意见认为，产生上述问题的原因，是党委领导下的厂长负责制的必然结果，不是哪一个人的工作作风和工作方法问题，因此必须改革这种领导体制本身。另一种意见认为，这种领导体制本身是没有问题的，只是在实行过程中出现了偏差，需要对这种领导体制进行完善。如果取消党委领导下的厂长负责制，就会削弱党对企业的领导。面对截然不同的意见，最高决策层采取了十分慎重的做法，一方面，从 1980 年开始，由国家经委、全国总工会以及中国社会科学院等有关部门在北京选择了若干企业进行企业领导体制的改革试点。另一方面，在大多数企业继续实行党委领导下的厂长负责制，并根据新的情况，不断改进企业的党政工作。

1980 年 1 月，邓小平在谈到改善党的领导时指出：“工厂要实行党委领导下的厂长负责制，……如果今后继续实行这个制度，那末，工厂的车间是否也要由党总支领导？班组里边是否也由党支部或党小组领导？……这样是不是有利于工厂……的工作？能不能体现党的领导作用？如果这个问题解决得不好，可能损害党的领导，削弱党的领导，而不是加强党的领导。”②

---

① 蒋一苇．论社会主义企业的领导体制[J]．红旗，1980 年，第 21 期。

② 邓小平．邓小平文选（第二卷）[M]．北京：人民出版社，1994 年 10 月，第 270 页。

邓小平的这一观点，为国有企业领导体制改革铺平了道路。

### （二）贯彻企业领导体制三个《暂行条例》

1981年7月，中共中央、国务院转发中华全国总工会、国家经委、中央组织部制定的《国营工业企业职工代表大会暂行条例》。《职代会暂行条例》指出，改革企业的领导制度，是改革党和国家领导制度的一个重要组成部分。这一改革的基本内容：发挥党的领导作用，特别是加强和改善党对企业的思想政治和方针政策的领导；发扬职工群众主人翁的责任感和当家作主的积极性，实行民主管理；企业的生产、行政工作由厂长（经理）负责统一指挥。这是一项牵动全局的艰巨任务，应该经过试点、认真总结经验、有步骤地加以实施。除了少数试点单位以外，所有企业仍应实行原来规定的党委领导下的厂长负责制和党委领导下的职工代表大会制。《职代会暂行条例》还规定：职工代表大会（或职工大会）是企业实行民主管理的基本形式，是职工群众参加决策和管理、监督干部的权力机构。这为后来的企业领导体制改革准备了条件。

1982年1月，中共中央、国务院颁发《国营工厂厂长工作暂行条例》。规定：工厂实行党委（独立核算工厂的总支部、支部，下同）领导下的厂长负责制。厂长是工厂的行政负责人，受国家委托，负责工厂的经营管理。除本条例规定的以外，生产经营方面的问题，由厂长全权决定。厂长对工厂生产经营活动行使统一指挥权。在国家规定的范围内，厂长对工厂的人员、资金、物资有调度处置权。行政职能科（室）科长（主任）、副科长（副主任），由厂长任免。车间主任一般由车间职工大会选举，厂长任命。不具备选举条件的，由厂长任免。车间副主任由厂长任免。厂长有权按照国家规定的人事管理权限和审批程序以及职工代表大会讨论决定的职工奖惩办法，对职工进行奖励和惩罚。对有特殊贡献的职工有权晋级，但每年受晋级奖励的职工不得超过职工总数的1%；对违反纪律的职工，有权处分，直至开除。厂长有权拒绝工厂外部无偿抽调工厂的人员、资金和物资，以及对劳务、费用的不合理摊派。厂长在紧急情况下，对不属于自己职权范围而又必须立即决定的生产行政方面的问题，有临机处置权，但事后应向有决定权的单位报告。党委要把工厂的生产经营活动，交给厂长统一指挥，全面负责。工厂的副厂长、总工程师、总会计师等是厂长的助手，他们的工作受厂长领导，对厂长负责。工厂党委要支持和保障以厂长为首的全厂统一的生产经营指挥系统行使职权。厂长应自觉地维护党委的领导，接受群众的监督。《厂长工作暂行条例》还规定：工厂实行党委领导下的职工代表大会制（或职工大会制，下同）。厂长要尊重职工代表大会的职权，支持职工代表大会的工作，接受职工代表大会的监督。

1982年5月，中共中央颁发《中国共产党工业企业基层组织工作暂行条例》。规定：在社会主义企业中，实行党委领导下的厂长负责制和党委领导下的职工代表大会制。按照党委集体领导，职工民主管理，厂长行政指挥的根本原则，不断改善和加强党对企业的领导。企业党委是企业的领导核心。党委会讨论和决定问题的范围：贯彻执行党的路线、方针、政策和上级指示、决定的主要措施；企业生产行政工作中的重大问题；职工代表大会的重大问题；党的建设工作；思想政治工作；企业中层干部和报请上级审批的企业领导干部的任免和奖惩考核；工会、共青团、民兵等群众组成工作时的重大问题；党委认为必须讨论和决定的其他重大问题。

三个《暂行条例》，对国有企业三个权力机关的权力责任作了初步规范，对改善企业领导体制方面起到积极的促进作用，但由于没有对党委领导下的厂长负责制进行根本改革，由此带来的领导体制方面的弊端也就不可能得到彻底解决。随着改革的逐步深化，改革企业领导体制的呼声越来越大了。从 1982 年开始，在北京、天津、上海等城市的国营工业企业进行了厂长负责制试点。

### （三）全面推行厂长（经理）负责制

1984 年 5 月，六届人大二次会议的政府工作报告正式宣布，国有企业将逐步实行厂长（经理）负责制。5 月 18 日，中共中央办公厅、国务院办公厅印发《关于认真搞好国营工业企业领导体制改革试点工作的通知》及附件《国营工业企业法（草案）》。决定在大连市和常州市的全部，北京、天津、上海、沈阳 4 个城市的部分国有企业进行厂长负责制试点。

1984 年 10 月 20 日，中共十二届三中全会通过了《中共中央关于经济体制改革的决定》，《决定》明确指出："现代企业分工细密，生产具有高度的连续性，技术要求严格，协作关系复杂，必须建立统一的、强有力的、高效率的生产指挥和经营管理系统。只有实行厂长（经理）负责制，才能适应这种要求。"[①] 国有企业领导体制从此进入厂长（经理）负责制阶段。党委领导下的厂长负责制结束了它28年的艰难历程，正式退出历史舞台。

《决定》同时指出："中央要求，在1985年年底以前完成企业领导班子特别是骨干企业班子的调整任务，并且订出规划，采取切实措施，在不太长的时间内，造就出大批能够卓有成效地组织和指挥企业生产和经营的厂长（经理），能够有力地加强企业的技术管理、推动技术进步的总工程师，能够切实加强企业经营、提高经济效益的总经济师，能够严格维护财经纪律、精打细算、开辟财源的总会计师，能够坚持正确的政治方向、团结企业广大职工的党委书记，形成一支包括这些人才在内的，门类齐全、成龙配套的社会主义经济管理干部和技术干部的宏大队伍。"[②] 这预示着国有企业内部不仅要实行厂长（经理）负责制，而且实行了多年的厂长（经理）、副厂长（副经理）的"一正多副"制度，也将逐渐改变为"一长［厂长（经理）］三总师（总工程师、总经济师、总会计师）制度"。

---

① 中共中央关于经济体制改革的决定[M]. 北京：人民出版社，1984年10月，第28页。

② 中共中央关于经济体制改革的决定[M]. 北京：人民出版社，1984年10月，第36~37页。

为了贯彻中共十二届三中全会《决定》精神，1986 年 9 月 15 日，中共中央、国务院同时颁发《全民所有制工业企业厂长工作条例》《中国共产党全民所有制工业企业基层组织工作条例》和《全民所有制工业企业职工代表大会条例》，对国有企业的领导体制进行全面改革。

新颁布的三个《条例》，在过去三个《暂行条例》的基础上，对国有企业厂长（经理）、党委会和职工代表大会的职权作了重新界定。

《厂长工作条例》规定：企业的法定代表人为厂长，负责代表法人行使职权。厂长依据《条例》规定，对本企业的生产指挥和经营管理工作统一领导，全面负责。厂长应当定期向企业党的基层委员会和职工代表大会报告工作，接受监督。企业设立管理委员会，就企业经营管理中的重大问题协助厂长决策。厂长任管理委员会主任。企业建立以厂长为首的生产经营管理系统，实行统一领导，分级负责。厂长有企业经营管理工作的决策权和生产指挥权。厂长同管理委员会的多数成员对经营管理中的重大问题意见不一致时，厂长有权作出决定。

《企业基层党组织工作条例》规定：企业中党的基层委员会对企业实行思想政治领导。企业党委应当积极支持厂长行使经营管理决策和统一指挥生产活动的职权，与企业行政密切配合，发挥工会和共青团的作用，同心协力，共同努力办好社会主义企业。企业的党委书记一般不兼任厂长。小型企业可以分设，也可以兼任。企业党委应当按照党的干部路线和干部政策，对企业各级干部进行教育、培养、考察和监督。党委对职工代表大会实行思想政治领导，保障职工代表大会行使规定的权力；向职工代表大会宣传党的路线、方针、政策，通过党员职工代表的先锋模范作用，把党的方针、政策变成群众的自觉行动；教育职工不断提高主人翁责任感，支持、引导职工代表正确地行使权利和履行义务。

《职工代表大会条例》规定：职工代表大会是企业实行民主管理的基本形式，是职工行使民主管理权力的机构。企业工会委员会是职工代表大会的工作机构，负责职工代表大会的日常工作。职工代表大会接受企业党的基层委员会的思想政治领导，积极支持厂长行使经营管理决策和统一指挥生产活动的职权。职工代表大会行使下列职权：定期听取厂长的工作报告，审议企业的经营方针、长远和年度计划、重大技术改造和技术引进计划、职工培训计划、财务预决算、自有资金分配和使用方案，提出意见和建议，并就上述方案的实施作出决议；审议通过厂长提出的企业的经济责任制方案、工资调整计划、奖金分配方案、劳动保护措施方案、奖惩办法及其他重要的规章制度；审议决定职工福利基金使用方案、职工住宅分配方案和其他有关职工生活福利的重大事项；评议、监督企业各级领导干部，并提出奖惩和任免的建议，对工作不负责任或者以权谋私，造成严重后果的干部，可以建议给予处分，直至撤职。主管机关任命或者免除企业行政领导人员的职务时，必须充分考虑职工代表大会的意见。

为了认真贯彻三个《条例》，中共中央、国务院专门发出通知强调：改革企业的领导体制，是城市经济体制改革的一个重要组成部分。改革的基本内容：企业实行生产经营和行政管理工作厂长负责制；明确企业党组织的工作重点，为保证和监督党和国家各项方针政策的贯彻实施，做好企业党的思想建设、组织建设和思想政治工作；进一步健全职工代表大会制度和各项民主管理制度，发挥工会组织和职工代表在审议企业重大决策、监督行政领导干部、维护职工合法权益等方面的作用。

三个《条例》颁布以后不到两个月，为了进一步强化厂长（经理）的职权，1986 年 11 月 11 日，中共中央、国务院又发出《关于认真贯彻执行全民所有制工业企业三个条例的补充通知》，强调：过去有关文件中关于全民所有制工业企业厂长（经理）的地位和作用的提法，与本通知不一致的地方，一律以本通知为准。

1986 年 12 月 5 日，国务院发布《关于深化企业改革增强企业活力的若干规定》，要求加快企业领导体制的改革，全面推行厂长（经理）负责制。到 1986 年年底，在全国 54 000 个国营工业企业中，已有 23 000 个企业实行了厂长（经理）负责制。到 1987 年 6 月底，实行厂长（经理）负责制的国营工业企业达到 35 232 个，占同类企业总数的 63.9%。

1987 年 8 月 25—29 日，国家经委、中共中央组织部、全国总工会在北京联合召开全面推行厂长负责制工作会议。会议要求：全国所有的大中型工业企业，1987年内要普遍实行厂长负责制；所有全民所有制工业企业全面实行厂长负责制，要在1988年年底前完成。今后各地要把厂长负责制作为企业的根本制度，加快改革的步伐，以完成企业领导制度改革这一历史任务。根据中共十二届三中全会《决定》精神，会议还制订下发了《全民所有制工业企业总工程师工作条例（讨论稿）》《全民所有制工业企业总经济师工作条例（讨论稿）》和《全民所有制工业企业总会计师工作条例（讨论稿）》，为“一正多副”制向“一长三总师”制的过渡作好了理论准备。

### （四）贯彻企业领导体制的“三句话”

按照三个《条例》及中共中央、国务院《补充通知》的规定，在企业的厂长（经理）、党委会、职工代表大会三个权力主体中，厂长（经理）的权力提升到前所未有的地位：“一厂之长，法人代表，全面负责，处于中心地位，起中心作用。”企业虽然也设立了管理委员会，但它只是厂长（经理）的参谋机构，仅对企业经营管理中的重大问题协助厂长决策而已，而且当“厂长同管理委员会的多数成员对经营管理中的重大问题意见不一致时，厂长有权作出决定”。党委会“对企业实行思想政治领导”，定期听取厂长报告工作，对企业的生产经营实行保证监督，“企业的党委书记一般不兼任厂长”。与《中国共产党工业企业基层组织工作暂行条例》规定的“企业中党委是企业的领导核心”相比较，党委会在企业的权力削弱了。职工代表大会的权力也有了极其微妙的变化。当初《暂行条例》的表述为职工代表大会“是职工群众参与决策和管理、监督干部的权力机构”。《条例》的表述则变成“是职工行使民主管理权力的机构”。提升厂长（经理）在企业中的绝对权威，这在当时对于扭转党委领导下的厂长负责制下“大家负责、大家都不负责”的局面是有积极意义的，但同时也为以后的深化企业领导体制改革留下了隐患。由于厂长（经理）在企业享有绝对权威，党委的监督制约作用十分有限，职代会的监督作用更形同虚设，上级主管部门的监督因为信息不对称也很难起到积极效果，厂长（经理）实际上处于无人监督的地位。

贯彻三个《条例》的初衷，是为了解决企业中党政不分、以党代政、权责分离的状况，但是以后执行的结果，则是“出现了厂长的一人化”。为了维护厂长（经理）在企业的绝对权威，又往往是娇宠放纵有余，监督约束不足。不少同志认为，贯彻三个《条例》以后，厂长（经理）权力太大了。这种以个人决策为主要特征的管理方式，不利于调动企业中全体员工的积极性，不利于企业的发展。同时将企业和职工的命运完全系于厂长（经理）一个人，这样的决策机制风险太大。同时由于片面夸大厂长（经理）的作用，强调厂长对两个文明建设全面负责，党政的摩擦也加大了。

针对上述问题，在1990年12月末中共十三届七中全会通过的《中共中央关于制定国民经济和社会发展十年规划和“八五”计划的建议》，首次对国有企业内部领导体制作了重新表述：要

“深化企业领导体制和经营机制改革，进一步发挥党组织的政治核心作用，坚持和完善厂长负责制，全心全意依靠工人阶级办好企业”。但这一表述在当时并未引起足够重视。

1991 年 9 月 23—27 日，中共中央召开中央工作会议，专题研究如何进一步搞好国营大中型企业问题。时任国务院总理李鹏在会上作《关于当前经济形势和进一步搞好国营大中型企业的问题》的讲话，除决定采取 12 条措施为搞好国营大中型企业创造良好的外部条件之外，同时对进一步深化企业改革提出 8 点意见，关于健全企业内部领导体制方面，李鹏重申了中共中央《十年规划和“八五”计划的建议》里的三句话。27 日会议结束之时，江泽民发表讲话。在谈到企业内部领导体制问题时，江泽民指出：“关于国有企业内部领导体制的问题，概括起来是三句话：充分发挥党组织的政治核心作用，坚持和完善厂长负责制，全心全意依靠工人阶级。它们是相辅相成的。要把企业建设好，这三者缺一不可。这三条，是我们四十多年特别是近十多年来企业领导体制的实践经验的总结，准确地反映了我们企业的社会主义性质。要全面理解，全面贯彻实行。”

从 1986 年 11 月到 1991 年 9 月，经过不到五年时间的实践，国有企业的领导体制又一次发生了重大调整：从过去的厂长（经理）是一厂之长，全面负责，处于中心地位，起中心作用，变成了厂长（经理）是“行政中心”，党委是“政治核心”的新提法。无论从哪方面讲，在制度设计上后者无疑都比前者更为科学合理。但是，在当年的认识水平上，人们对权力制衡的重要意义尚缺乏深刻认识。已经习惯一人说了算的厂长（经理）们，当然也不愿意身边再有一个监督者随时看着自己，贯彻“三句话”的阻力非常大。

### （五）厂长、书记“一肩挑”

20 世纪 90 年代初的中国，一面是市场需求受宏观经济紧缩政策的影响一直在低迷的阴影里徘徊；另一面则因长期的经济结构失衡造成的瓶颈约束严重制约着企业的生产经营；同时企业之间相互拖欠形成的“三角债”使大多数企业陷入资金短缺困境；加之市场价格与计划价格双轨同时发生作用，市场机制与计划机制处于胶着运行状态；异军突起的乡镇企业在市场竞争中逐渐形成气候；国有企业特别是国有大中型企业的生产经营处于非常困难的境地。

但是，对于造成国有企业生产经营困难的根本原因，当时的人们并不是十分清晰。受“简政放权、减税让利”固有思维定式的局限，人们普遍认为，国有企业经营状况不好的根本原因，仍然是政府管得太死、企业负担太重、厂长（经理）受到的制约太多。沿着这条思路走下去的结果，自然导出了进一步简政放权的政策主张。1992 年 7 月 23 日，国务院发布《全民所有制工业企业转换经营机制条例》，规定了企业在生产经营决策、产品劳务定价、产品销售、物资采购、进出口、投资决策、留用资金支配、资产处置、联营兼并、劳动用工、人事管理、工资奖金分配、内部机构设置、拒绝摊派 14 个方面的自主权。

因为《转机条例》的主要任务是落实企业的经营自主权，所以对企业领导体制问题没有专门的表述，只是在转换企业经营机制必须遵循的原则中，重申了中共十三届七中全会《建议》中的“三句话”，即要“发挥中国共产党的基层组织在企业中的政治核心作用，坚持和完善厂长（经理）负责制，全心全意依靠工人阶级”。但是，在各地贯彻《条例》的实施意见中，除了对《条例》规定的14项经营自主权纷纷作扩大性解释之外，又普遍增加了“厂长和书记宜兼则兼，宜分则分，积极推行厂长、书记一人兼，允许企业党政领导交叉兼职”。[①]“大型企业厂长和书记宜兼则兼、宜分则分；中小型企业厂长和书记原则上一人兼任。”[②]“企业厂长（经理）、书记可由一人兼任”[③]等规定。为了搞活国有大中型企业，人们把希望过多地寄存于厂长（经理）个人身上。既然厂长（经理）是“中心”，党委是“核心”，“中心”与“核心”到底谁说了算扯不清，干脆采用“一肩挑”的办法，让厂长（经理）兼任党委书记，两个职务“一肩挑”，彻底解决“两心变一心”的问题。

于是，贯彻《转机条例》后的实际结果，不仅没有落实中共十三届七中全会《建议》中关于企业领导体制的“三句话”，反而在过去企业领导体制三个《条例》的基础上又进了一步，

---

① 河南省全民所有制工业企业转换经营机制实施办法[Z]. 1993年2月10日。

② 辽宁省全民所有制工业企业转换经营机制实施办法[Z]. 1993年3月11日。

③ 厦门市关于贯彻《全民所有制工业企业转换经营机制条例》的补充规定[Z]. 1993年5月26日。

厂长（经理）和党委书记两个职务“一肩挑”成了最时髦的制度安排，企业厂长（经理）的权力越发集中了。“三句话”重新强调企业基层党组织的作用，重新明确党委书记也是“一把手”，初衷是要加强对企业领导人的监督，但由于无法解决两“心”不合的矛盾，干脆采取“一肩挑”的办法，反而加重了无人监督企业领导人的问题。

直到1995年，无论是政府还是企业，基本上都把“一肩挑”作为国有企业领导体制的首选，对国有企业领导人的权力制衡和权力监督问题，并没有引起足够的重视。

## 二、公司制国有企业治理结构探索建立时期（1993—2013年）

1993年，中共十四届三中全会提出国有企业建立现代企业制度的改革方向，国有企业改革进入建立现代企业制度试点阶段。

### （一）建立公司法人治理结构

国有企业制度由工厂制改为公司制，相应地国有企业的领导体制也开始按照公司制企业的治理结构来规范，权力结构发生了根本变化。

过去在工厂制企业制度下的党委会、厂长（经理）、职代会各管一块，分口负责的横向分权模式，改制后变成了由股东（代表）大会、董事会、经理层、监事会组成的决策机构、辅助决策机构、执行机构和监督机构相互独立、逐级授权、权责分明、各司其职、相互制约的纵向授权模式。

过去在工厂制企业制度下，主要解决的是企业基层党组织、厂长（经理）、职工代表大会三者的权力配置问题。公司制改造以后，不仅要解决公司治理组织的股东会、董事会、经理层和监事会四者的权力配置问题，同时还要解决公司治理结构与企业基层党组织、职工代表大会的关系问题，加之企业工会基层委员会“是职工代表大会的工作机构，负责职工代表大会的日常工作”，因此还要解决上述机构与工会委员会的关系问题，也就是通常所说的“新三会”（股东会、董事会、监事会）与“老三会”（党委会、职代会、工会）的问题。在企业内部的权力配置上，问题变得更加复杂了。

为了使问题简单化，也为了使建立现代企业制度试点工作能够加快进程，在建立现代企业制度的试点企业中，普遍比照过去对付“三句话”的办法，采取了董事长兼总经理的做法，有的甚至董事长、总经理、党委书记三个职务“一肩挑”。直到1995年上半年“于志安事件”发生以后，对国有企业领导人的权力监督问题才引起人们的足够重视。

于志安曾经是社会聚焦的风云人物。他就任武汉汽轮发电机厂厂长以后，10年时间，把一个濒临倒闭的企业，变成一个名声显赫的知名大企业。实现了从“卖发电设备”到“卖电厂”再到“卖电”的三大步跨越，利税以年均10倍的速度递增，10年间增长了100倍，跻身于“中国500强企业”的行列。

自己也先后获得全国劳动模范、全国“五一劳动奖章”、全国优秀企业家、湖北优秀共产党员、武汉特等劳动模范、享受政府津贴的国家级有突出贡献管理专家等荣誉。除担任中国长江动力（集团）公司董事长、党委书记兼总经理外，同时还兼有武汉市经委副主任、全国工商联常委、湖北省人大代表、武汉市政协常委等多种职务。1995 年 5 月的一天，于志安从国外返回后突然神秘失踪了！后经我国驻外大使馆调查证实，于志安已经出逃到菲律宾。人们随即发现，“长动”在菲律宾的注册资金 50 万美元、年电费收入 1 000 万美元的电厂，早在建造之初，就是以于志安个人名义注册的。

“于志安事件”犹如一记重锤，敲响了改革进程中的警钟。由此引发了理论界和广大公众对国有企业领导人权力制约问题的深层次思考。

1997 年，中共中央发出《关于进一步加强和改进国有企业党的建设工作的通知》，决定从 1997 年年初起，开始对国有企业领导班子进行普遍考核。据统计，1997 年，全国共组成 4.7 万多个考核组，派出考核人员 18 万多人，对全国 13 万多个企业的领导班子、56 万多名企业领导班子的成员进行了考核。全国共调整企业领导班子 4.4 万多个，调整企业领导班子成员 86 169 人，其中被降职免职的 31 385 人，包括不称职的 8 901 人，违法乱纪的 1 031 人。选拔优秀人才充实到领导岗位的 5.4 万多人。在一年内集中投入这么大的力量，对国有企业领导班子进行如此全面的考核，是多年来的第一次。[①]

## （二）规范公司法人治理结构

1999年中共十五届四中全会通过《中共中央关于国有企业改革和发展若干重大问题的决定》，对国有企业建立现代企业制度首次作出了全面系统的表述，并对完善公司法人治理结构提出了新的思路。不仅系统阐述了建立现代企业制度的关键环节，还提出了操作实施的具体要求。

关于建立现代企业制度的要求，《决定》在过去“产权清晰、权责明确、政企分开、管理科学”四句话的基础上，贯彻党的十五大精神，进一步强调要“健全决策、执行和监督体系”。[②] 而且在整个文件中始终加重了建立监督机制的分量。

在公司治理结构方面，《决定》第一次明确强调“公司法人治理结构是公司制的核心”。强调要“形成各负其责、协调运转、有效制衡的公司法人治理结构”。这将有效避免过去试点工作中存在的治理机构一人兼、责任不清、制约不力的状况。第一次明确强调“董事会要维护出资人权益，对股东会负责”。第一次提出“新、老三会”（股东会、董事会、监事会和党委会、职代会、工会）可以双向进入，提出了处理“新三会”和“老三会”关系的新思路。第一次明确“党委书记和董事长可由一

---

① 郑宏范：振兴国有企业的重要保证——国有企业领导班子考核建设工作述评[N]. 人民日报，1998年2月26日。

② 中共中央关于国有企业改革和发展若干重大问题的决定[M]. 北京：人民出版社，1999年9月，第6页。

人担任，董事长、总经理原则上分设”。第一次明确国有独资和国有控股公司的“董事会和监事会都要有职工代表参加”。第一次提出“建立与现代企业制度相适应的收入分配制度，实行董事会、经理层等成员按照各自职责和贡献取得报酬的办法”。强调“少数企业试行经理（厂长）年薪制、持有股权等分配形式，可以继续试点”，“但不要刮风”。

根据《决定》的精神，建立规范的公司法人治理结构被提上议事日程。明确股东会、董事会、监事会和经理层的职责，形成各负其责，协调运转、有效制衡的运行机制。

《公司法》自 1994 年 7 月 1 日施行以后，伴随现代企业制度试点工作不断推进，一大批国有企业相继改制成为国有全资的有限责任公司或国有独资公司，并依照公司法设立了董事会、监事会、经理层。但这些改制企业董事会的最大特点，是董事会成员与经理人员、企业党委成员高度重合。董事长与党委书记一人兼，并担任公司法定代表人。[10]这就形成了董事会成员之间的上下级关系，即作为党委成员的董事是作为党委书记的董事长的下级；作为副总经理的董事，是作为总经理的董事的下级。董事会作为决策机构，要真正实现集体决策，不仅要求有多人参与决策，更要求参与决策的人能够独立、客观地表达自己的意见。董事会成员之间存在上下级关系，就很难保证每一位董事能完全独立地表达自己的意见，尤其是当自己的意见与作为上级的董事的意见不一致时，集体决策往往就只是一种形式，董事长仍然是实际上的“一把手”，而且在企业的资历越深，威信越高，董事长个人决策的成分就越大。因此，国有企业改制并设立了董事会以后，企业“一把手负责制”的领导体制并未发生根本改变。

又由于董事会成员与经理人员、党委成员高度重合，所以决定经理人员的选任、考核和薪酬的权力并不在董事会，而是由作为出资人代表的政府部门统一任命，董事会发挥不了管理经理层的作用。而在重大投资决策方面，由于决策议题已经事先在经理层、党委会上进行过研究讨论，再由这些人员组成的董事会去决策，不过是走一下程序而已，董事会成了有名无实的摆设。建立现代企业制度，也因此成了新瓶装旧酒。

早期的国有公司治理，尤其是国有独资公司的治理，普遍存在形式化和表面化的倾向，应该设立的机构都是健全的，人员配备是完整的，形式上的运作也是规范的，但实际效果则十分有限。鉴于单一产权国有企业的董事会完全流于形式，没有发挥应有的作用，一批已建立了董事会的企业，后来又撤销了董事会。2000—2002 年，有 26 家国有独资中央企业撤销了董事会。①

### （三）国务院稽察特派员制度

国有企业在从计划经济体制向社会主义市场经济体制转轨的过程中，企业的经营自主权迅速扩大，相应的外部管理体制

---

① 邵宁．国有企业改革实录（1998—2008）［M］．北京：经济科学出版社，2014 年 4 月，第 507 页。

和内部的治理机制却没有建立起来，企业在与政府的博弈中处于绝对的优势，信息不对称和内部人控制问题日益突出，难以适应市场竞争的要求。反映在生产经营上，从 20 世纪 90 年代中期开始，一些企业经营管理混乱、重大投资决策失误、资产处置缺乏规则等问题陆续暴露出来，造成国有企业整体效益下滑，国有资产流失。尤其是部分企业假账泛滥，会计信息失真，使政府相关部门失去了判断企业真实情况所需要的可靠依据。基于国有独资公司治理机制流于形式，依靠国有企业内部监督短期难以到位的现实，经过深思熟虑，1998 年党中央、国务院决定向国有重点大型企业派出稽察特派员，从强化监督入手，对国有企业的经营活动进行规范。

1998 年 2 月的中共十五届二中全会和 1998 年 3 月的九届全国人大一次会议通过了《国务院机构改革方案》，正式提出要建立稽察特派员制度。1998 年 7 月 3 日，朱镕基签署了第 246 号国务院令，颁布《国务院稽察特派员条例》。《条例》规定稽察特派员由国务院派出，由国务院任免，对国务院负责，代表国家对被稽察企业行使监督权力。同时，《条例》还对稽察特派员的工作性质、职责、具备的条件、监督的具体内容、稽察特派员办事处的组成、稽察工作方式和程序，稽察特派员的管理、稽察报告、稽察特派员的奖惩条件等都作出了明确的规定。稽察特派员一般由部级、副部级的国家工作人员担任，每个稽查特派员配职助理 4 人，组成稽查员办事处，一般负责 5 个企业的稽查工作。其主要职责：一是通过财务稽查，发现问题，防止国有资产的贬值和流失；二是以财务分析为基础，对经营者的经营业绩作出评价。

从 1998 年 4 月起，国务院先后分批任命了 38 位稽察特派员，以及从中央国家机关有关部门和在京国有重点大型企业中遴选出 160 名稽察特派员助理。此后，国务院又先后批准向 301 家国有重点大型企业派出稽察特派员，涉及石油、石化、煤炭、航空、轻纺、建材、铁道、农业、林业等 25 个行业，分布于除西藏、台湾外的 30 个省、自治区和直辖市。到 2000 年 12 月底，对 62 家国有重点大型企业的稽察工作如期完成。62 家企业涉及机械、电力、石化、交通、冶金、烟草、建筑、通信、有色金属、民航、外贸等行业。稽察特派员对被稽察企业贯彻执行有关国家法律、行政法规和政策情况、财务会计状况、经济管理绩效、组织机构体系、国有资产保值增值情况以及企业主要负责人员的业绩等进行了监督检查和评价，对企业主要负责人员提出了奖惩、任免的建议，并将稽察结果上报国务院。通过稽察，发现了一些国有企业中的违法违纪案件，有效遏制了国有企业管理混乱、国有资产流失的状况。2000 年 6 月 1 日，中共中央听取了稽察工作情况汇报，充分肯定了稽察特派员的工作成绩。

作为“实现政企分开的重要举措，是对国有企业管理方式的重大转变，也是符合国际惯例的”稽察特派员制度，[①] 是我国

---

① 朱镕基．朱镕基讲话实录：第三卷[M]．北京：人民出版社，2011 年 9 月，第 31 页。

国有企业改革转型期的一项特殊政策。在严格选拔和任用特派员的基础上，对于影响国计民生的特大型国有企业，在一定程度上起到加强监督的作用。稽察特派员进入企业后，国有企业中的腐败、财务数据失真等问题开始大大减少。[①] 但是，稽察特派员制度高昂的监督成本和忽视事前、事中监督的固有缺陷，决定了它难以普遍推广。

1999 年 9 月，中共十五届四中全会《关于国有企业改革和发展若干重大问题的决定》提出，“继续试行稽察特派员制度，同时要积极贯彻十五大精神，健全和规范监事会制度，过渡到从体制上、机制上加强对国有企业的监督，确保国有资产及其权益不受侵犯”。[②]

1999 年 12 月，九届全国人大常委会第十三次会议对《公司法》进行修改，以法律形式明确了在国有独资公司建立监事会。规定“国有独资公司监事会主要由国务院或者国务院授权的机构、部门委派的人员组成，并有公司职工代表参加”；监事会行使的职权：检查公司财务，对董事、经理执行公司职务时违反法律、法规或者公司章程的行为进行监督，以及国务院规定的其他职权。2000 年 3 月，国务院颁布《国有企业监事会暂行条例》，在对试行两年多的稽察特派员制度进一步总结规范的基础上，为稽察特派员制度向外派监事会制度转变奠

---

① 邵宁．国有企业改革实录（1998—2008）[M]．北京：经济科学出版社，2014 年 4 月，第 514 页。

② 中共中央关于国有企业改革和发展若干重大问题的决定[M]．北京：人民出版社，1999 年 9 月，第 11 页。

定了法律基础。

### （四）外派监事会

2000 年 1 月 18 日召开的国务院总理办公会议，要求认真贯彻落实党的十五届四中全会决定，抓紧做好稽察特派员制度向外派监事会制度过渡的各项工作。同年 8 月，经国务院批准，向 100 家国有重点大型企业派出监事会，首批 27 位监事会主席开始开展监督检查工作。

2003 年 3 月，十届全国人大一次会议批准了国务院机构改革方案，设立国务院国有资产监督管理委员会。2003 年 5 月，国务院出台的《企业国有资产监督管理暂行条例》规定："国务院国有资产监督管理机构代表国务院向其所出资企业中的国有独资企业、国有独资公司派出监事会。监事会的组成、职权、行为规范等，依照《国有企业监事会暂行条例》的规定执行。"

2005 年，《公司法》第二次修订，规定国有独资公司监事会成员除了职工代表外，由国有资产监督管理机构委派，监事会主席由国有资产监督管理机构指定。2008 年 10 月，十届全国人大五次会议通过了《中华人民共和国企业国有资产法》，规定："国有独资公司、国有资本控股公司和国有资本参股公司依照《中华人民共和国公司法》的规定设立监事会。国有独资企业由履行出资人职责的机构按照国务院的规定委派监事组成监事会。国家出资企业的监事会依照法律、行政法规及企业章程的规定，对董事、高级管理人员执行职务的行为进行监督，对企业财务进行监督检查。”进一步巩固了外派监事会制度的法律地位。

外派监事会制度全面继承了稽察特派员制度的成功经验：一是监事会由国务院或者国资委代表国务院派出，对国务院负责，向国务院和国资委报告。二是监事会主席为专职，由副部长级国家公务员担任，国务院任命，专职监事一般由司（局）、处级国家公务员担任。主席、专职监事实行任期制，在同一企业不连任。三是把企业执行法律法规情况、财务信息真实性、国有资产保值增值情况、企业负责人的经营行为作为监督重点，通过“查、看、听、询”等方式深入企业开展实地检查。四是监事会开展工作所需费用由国家财政拨付，监事会主席、专职监事不得接受企业的任何报酬、福利待遇、馈赠，不得在企业报销任何费用。五是监事会与企业是监督与被监督关系，监事会不参与、不干预企业经营决策和经营管理活动。

比照国务院国资委对中央企业的做法，各地国资委也向其监管企业派驻了监事会。

据统计，1998—2008 年，稽察特派员和监事会监督检查涉及资产 70.32 万亿元，占国资委履行出资人职责企业资产总额的 75.8%，向国务院以及国资委捕隧监督检查报告（稽察报告）和专项报告 1 622 份，揭示重大事项 9 684 件，对 3 239 位企业主要负责人提出了奖罚任免建议，为维护出资人权益，防止国有资产流失，确保国有资产保值增值，促进企业改革发展，发挥了重要作用，作出了突出贡献。①

从公司治理结构上看，外派监事会制度在对企业财务监督和及时了解并向出资人报告企业真实情况方面，发挥了不可替代的重要作用。但是，与稽察特派员制度一样，外派监事会制度也是一种外部监督和事后监督，由于其功能定位是监督，既不参与决策，也不负责执行，所以，外派监事会制度仍然无法解决“一把手负责制”的体制问题，如重大决策仍然是“一把手”说了算；“一把手”在花钱、用人方面权力过大，缺乏有效制衡等。也就是说，单靠外派监事会制度，仍然无法有效防范重大决策失误和“一把手”以权谋私。

### （五）独立董事制度

20 世纪 90 年代以前，我国国有企业的改革思路，相当成分上参照了苏联和东欧国家率先进行的改革实践。改革最初从“放权让利”起步，很大程度受到了柯西金“要扩大企业的经营独立性，并加强对企业和全体职工的物质刺激”的观点和前南斯拉夫的“企业自治”改革模式的影响；匈牙利经济学家亚诺什·科尔内的《短缺经济学》，曾经几乎成为改革初期中国官学两界指导改革实践的启蒙教材，影响了改革开放初期的一大批中青年经济学者。苏联解体和东欧剧变以后，原先的参照系不复存在了，改革者被迫将目光转向了西方发达国家，于是由英

---

① 邵宁．国有企业改革实录（1998—2008）［M］．北京：经济科学出版社，2014 年 4 月，第 516 页。

国学者罗纳德·科斯开创的新制度经济学受到中国经济学界的追捧。国有企业建立现代企业制度也在这样的背景下登上了历史舞台。如前所述，如何建立国有资本所有者有效监督代理者行为的长效机制，一直是困扰改革决策者的难题。其间，广泛参考借鉴过英美法系国家的“股权主导型”治理模式、大陆法系国家的“债权主导型”治理模式、新加坡淡马锡控股公司模式，以及转轨经济国家的公司治理模式。[11]随着国有企业通过重组改制为产权多元的股份制上市公司，无论是在境外还是境内资本市场上市，都必须按照上市地的公司法，设立规范的公司治理机构，从而使国有企业的公司治理结构改革进入到与国际惯例接轨的新阶段。公司治理的制度规则引入到国有企业的治理中，由此开始了国有企业公司治理的一系列制度性变革。各国上市公司通行的独立董事制度也因此成为国有企业公司治理结构进一步改革的模式。

我国 1993 年首次颁布的《公司法》并没有设立独立董事的规定，最早设立独立董事的是国有控股的境外上市公司。1993 年青岛啤酒 H 股在香港上市，按香港联交所的规定，建立了独立董事制度。

1997 年 12 月，中国证监会发布的《上市公司章程指引》首次引入独立董事制度。规定，“上市公司可以根据需要设立独立董事”，并对独立董事任职条件作出初步规定，但特别注明设立独立董事为“选择性条款”，由公司自行决定，并非强制性要求。

1999 年 3 月，原国家经济贸易委员会和中国证监会联合发布《关于进一步促进境外上市公司规范运作和深化改革的意见》，提出境外上市公司“逐步建立健全外部董事和独立董事制度”，规定应增加外部董事的比重，公司董事会换届时，外部董事应占董事会人数的 1/2 以上，并应有 2 名以上的独立董事。

2000 年 11 月，上海证券交易所发布的《上市公司治理指引》中规定：公司应至少拥有 2 名独立董事，且独立董事至少应占董事总人数的 20%。当公司董事长和总经理由一人担任时，独立董事占董事总人数的比重应达到 30%。独立董事应提出客观、公正的意见，特别是当公司决策面临内部人控制和与控股股东之间存在利益冲突时，独立董事可征求外部独立顾问的咨询意见，公司应为此提供条件。独立董事应保证投入足够的时间履行其职责，并应获得与其承担的义务和责任相应的报酬。董事会下设委员会应主要由独立董事组成，并由独立董事担任主席。

到 2001 年上半年，我国境内 1 150 家上市公司中，有 204 家初步建立了独立董事制度，有 314 名独立董事，约占上市公司全体董事的 3%。截至 2003 年 6 月底，境内 1 250 家 A 股上市公司中，有 1 244 家上市公司配备了独立董事，独立董事总人数达到 3 839 名，平均每家公司达到 3 名以上。其中，独立董事占董事会成员 1/3 以上的有 800 家，占总数的 65%；独立董事占董事会成员 1/4 以上的公司有 1 023 家，占总数的 82%。至此，我国绝大多数上市公司已按要求配备了独立董事，独立董事制度基本建立。①

独立董事制度的建立，对完善上市公司治理，促进上市公司规范运作起到了积极的作用：

一是提高了董事会的独立性，有利于维护公司整体利益和保护中小股东合法权益。与过去相比，控股股东侵占上市公司利益问题大大改善，保护中小股东合法权益取得明显进展。其中独立董事制度起到了不可替代的作用。

二是加强了董事会的财务监督职能，弥补了上市公司监事会制度的缺陷。按照《公司法》的规定，上市公司的财务监督应当由监事会负责，但是除了境外上市公司有少数独立监事外，国有控股上市公司的监事都来自公司内部，属于董事长、总经理、党委书记等被监督对象的下级，难以起到监督作用。上市公司董事会设立了由独立董事组成的审计委员会后，在加强财务监督，保障财务报告的真实性方面较好地履行了职责，弥补了监事会制度的缺陷。

三是一些国有控股上市公司引入了一批具有企业高层工作经历的经营管理人员、企业财务会计专家、行业专家等具备履职能力和履职经验的独立董事，优化了董事的结构，提升了董事会的决策水平和经营管理水平。

但由于缺乏经验和各种配套制度以及外部环境不够完善，相当部分的独立董事制度还难以发挥应有作用，主要表现在以

① 邵宁．国有企业改革实录（1998—2008）［M］．北京：经济科学出版社，2014 年 4 月，第 519~521 页。

下几个方面：

一是独立董事仅占董事会成员的1/3，限制了其制度性作用。《公司法》规定，上市公司董事会作出决议，必须经全体董事过半数通过。除了行使特别职权外，独立董事的意见无法左右董事会的决策，难以对重大决策进行把关。

二是部分独立董事的素质与其承担的角色不相适应。据对2003年6月底的情况统计，在1 244家上市公司配备的3 839名独立董事中，大学教授和专家学者占44%，中介机构人员占24%，公司外部经营管理人员占13%。在大学教授、专家学者和中介机构人员中，从事过企业经营管理工作的人员极少，显然难以胜任独立董事职责。上海证交所2008年11月发布的《中国公司治理报告（2008）：上市公司透明度与信息披露》显示，只有不到5%的上市公司出现过独立董事曾对董事会讨论的事项提出异议的情况，这应该与大部分独立董事缺乏企业经营管理实践密切相关。

三是独立董事的选聘与激励影响其独立性。按照《公司法》和中国证监会的有关规定，上市公司独立董事的提名权、聘任权和其报酬决定权实际上掌握在国有母公司负责人和上市公司执行董事、高管手里。湘财证券曾在2001年进行过上市公司治理调查，在设立独立董事的212家上市公司中，独立董事由控股股东、董事长提名的公司占57%以上。这势必要影响独立董事的独立性，削弱其制衡控股股东和上市公司执行董事、高管的作用。

## （六）董事会制度改革

在上市公司建立独立董事制度的同时，借鉴新加坡淡马锡控股国有企业的模式，在国务院国资委成立后的2004年，即着手布置中央企业母公司“建立和完善国有独资公司董事会试点”工作。[①] 2004年6月，国资委印发《关于中央企业建立和完善国有独资公司董事会试点工作的通知》，提出开展试点工作的指导意见。第一批试点企业包括神华集团、上海宝钢、中国铁通、中国诚通、中国医药集团总公司、中国高新投资集团公司、中国国旅集团等7户企业。到2009年3月，试点企业达到24户。

董事会制度改革试点的主要制度安排：

一是建立外部董事制度。主要是由国资委从企业外部选聘符合条件的人员担任外部董事；外部董事超过董事会全体成员的半数；总经理进入董事会，经理层副职原则上不进入董事会；进行外部董事担任董事长的探索；为外部董事履职及时提供相关信息；外部董事领取固定的报酬，不与企业经营业绩挂钩；规定外部董事任期，根据外部董事的不同情况，任期1~3年；外部董事履职时间每年不得少于30个工作日，参加董事会定期会议次数不得少于实际召开次数的3/4；对外部董事履职情况每年进行评价等。

二是完善和落实董事会的职权。董事会定位为公司的战略性管控，分三个方面：把握公司发展方向与速度，防范重大风

---

① 在混合所有制改革开展之前，中央企业的母公司基本上都是国有独资公司。

险；审核批准投资、财务等业务中的重大事项；优选高级管理人员，并建立对其的考核、薪酬等激励与约束机制。根据这个定位，试点企业董事会除了享有《公司法》规定的职权外，国资委还把：(1) 批准企业投资计划、预算等权力授予董事会行使；(2) 把决定经理层的经营业绩考核和薪酬权利交给外部董事超过半数、制度健全的董事会行使，国资委加强指导；(3) 把国资委党委负责的经营管理人员管理权下放给外部董事超过半数、制度健全的试点企业董事会行使，国资委实行任前备案管理。国资委为此专门下发文件，详细规定了试点企业董事会的25项职责。

三是规范董事长与总经理的职责定位。董事长是董事会的领导，主要职责是组织董事会运作，国资委对其履职进行评价，但不对其进行经营业绩指标考核。总经理是企业执行性事务的负责人，对董事会负责，履行《公司法》规定的各项职权。

四是建立董事会有效运作的机制。国资委规定，公司章程和董事会制定的有关制度必须详细规定董事会的各项职权；董事会每年召开定期会议的次数不得少于4次；董事会必须对决议执行情况进行检查；董事会应当下设薪酬与考核、提名、审计委员会，还可以根据公司情况设置其他专门委员会；公司董事会成员有公司驻地以外人员且必须由董事会决策事项较多的，经国资委批准，可以设立常务委员会，行使董事会授权的部分职权；提名委员会、常务委员会中外部董事应当占多数；薪酬与考核委员会、审计委员会应当全部由外部董事组成；属于专门委员会职责范围的事项，应当先由专门委员会讨论，为董事会决策提供意见和建议。

五是董事会试点与发挥企业党组织政治核心作用相结合。企业党组织负责人和职工代表进入董事会；董事会负责重大决策与党组织参与重大问题决策、职工民主管理相结合；党管干部原则与董事会依法选聘高级管理人员相结合，积极探索中国特色的公司法人治理结构。

在董事会试点的同时，为了拓宽国有企业的选人用人渠道，中组部和国资委还面向海内外公开招聘中央企业高级管理职位。2003 年 7 月，国务院国资委成立仅 4 个月，就选择中国联合通信有限公司等 6 户中央企业，首次面向海内外公开招聘 7 个高级管理职位。之后从 2004 年至 2010 年，中组部和国资委共同组织公开招聘 124 个高级经营管理职位，其中 2005 年首次对中央企业"一把手"公开选拔；并且放宽对国籍的要求，有 15 个岗位不限国籍，在更大范围体现了全球化和国际化。2008 年的招聘，首次为国有重要骨干企业公开招聘总经理。新华社报道称，国有重要骨干企业正职属于"中央管理干部"，此前均为组织部门委任。有业内人士称，此为"国企人事制度改革的突破性创举"。

## 三、中国特色现代国有企业治理结构建立时期（2013 年以后）

中共十八大以后，国有企业领导体制改革在全面深化国有企业改革中加速，开始进入探索建立符合市场经济规律和我国国情的现代国有企业法人治理结构时期。

新一轮国有企业领导体制改革重点是推进董事会建设，建立健全权责对等、运转协调、有效制衡的决策执行监督机制，规范董事长、总经理行权行为，把党的领导纳入公司治理结构各环节，充分发挥董事会的决策作用、监事会的监督作用、经理层的经营管理作用、党组织的政治核心作用，切实解决一些企业董事会形同虚设、“一把手”说了算的问题，实现规范的公司治理。

### （一）推进董事会建设

在推进董事会建设方面，提出了维护依法行权、强化制衡约束、强化考评追责、加强外部董事队伍建设等措施。

一是建立健全权责对等、运转协调、有效制衡的决策执行监督机制。国有独资、全资公司的董事长、总经理原则上分设，应均为内部执行董事，定期向董事会报告工作。国有独资公司的董事长作为企业法定代表人，对企业改革发展负首要责任。国有独资公司的董事对出资人机构负责，接受出资人机构指导，其中外部董事人选由出资人机构商有关部门提名，并按照法定程序任命。国有全资公司、国有控股企业的董事由相关股东依据股权份额推荐派出，由股东会选举或更换，国有股东派出的董事要积极维护国有资本权益；国有全资公司的外部董事人选由控股股东向其他股东推荐，由股东会选举或更换；国有控股企业应有一定比例的外部董事，由股东会选举或更换。落实和维护董事会依法行使重大决策、选人用人、薪酬分配等权利，保障经理层经营自主权，法无授权任何政府部门和机构不得干预。

二是规范董事会议事规则。董事会要严格实行集体审议、独立表决、个人负责的决策制度，平等充分发表意见，一人一票表决。保障董事会会议记录和提案资料的完整性，建立董事会决议跟踪落实以及评估制度。董事会应当设立提名委员会、薪酬与考核委员会、审计委员会等专门委员会，其中薪酬与考核委员会、审计委员会应由外部董事组成。

三是建立规范的经理层授权管理制度。经理层是公司的执行机构，依法由董事会聘任或解聘，接受董事会管理和监事会监督。总经理对董事会负责，依法行使管理生产经营、组织实施董事会决议等职权，向董事会报告工作，董事会闭会期间向董事长报告工作。对经理层成员实行与选任方式相匹配、与企业功能性质相适应、与经营业绩相挂钩的差异化薪酬分配制度，国有独资公司经理层逐步实行任期制和契约化管理。有序推进职业经理人制度建设。开展出资人机构委派国有独资公司总会计师试点。

四是加强外部董事队伍建设。要推进市场化选聘和管理外部董事，加强培训提升外部董事素质和能力，提高专职外部董事比例，拓宽来源渠道，积极探索从国有企业现职领导人员、民营企业及外资企业高管等多渠道选聘外部董事。

### （二）国有企业领导人员分类分层管理

一是坚持党管干部原则与公司治理中各层选人用人权相结合，做到既体现党管干部原则，又保证各层选人用人主体依法履行职责。

二是根据不同企业类别和层级实行不同的选人用人方式。实现由身份管理向分类管理、岗位管理转变，由集中统一向分层管理、市场配置转变。

三是推行职业经理人制度。既从公司内部培养和提拔有能力、有发展潜力的经营管理者，也要从公司外部引进所需各类人才，实现内部培养和外部引进相结合。

四是推行企业经理层成员实行任期目标责任制，严格任期管理和任期考核。推行经理层实施契约化管理，其工作内容、程序、组织等要依法合规、公平公正，要与企业内部选聘、考核、奖惩等相关配套制度相衔接。

### （三）把党的领导融入公司治理各环节

中国共产党的领导是中国特色社会主义最本质的特征，是中国特色社会主义制度的最大优势，也是国有企业的独特优势。党政军民学，东西南北中，党是领导一切的。深化国有企业改革，必须毫不动摇坚持党对国有企业的领导，毫不动摇加强国有企业党的建设。

一是在制度设计上，把加强党的领导和完善公司治理统一起来，将党建工作总体要求纳入国有企业章程。明确国有企业党组织在公司法人治理结构中的法定地位，创新国有企业党组织发挥政治核心作用的途径和方式。将党组织的机构设置、职责分工、工作任务纳入企业的管理体制、管理制度、工作规范，明确党组织在企业决策、执行、监督各环节的权责和工作方式以及与其他治理主体的关系，使党组织成为公司法人治理结构的有机组成部分，使党组织发挥领导核心作用和政治核心作用组织化、制度化、具体化。在国有企业改革中坚持“四个同步”(即改革与党的建设同步谋划、与党的组织及工作机构同步设置、与党组织负责人及党务工作人员同步配备、与党的工作同步开展)，保证党组织工作机构健全、党务工作者队伍稳定、党组织和党员作用得到有效发挥。

二是在人事安排上，完善“双向进入、交叉任职”的领导体制。符合条件的国有企业党组（党委）领导班子成员可以通过法定程序进入董事会、监事会、经理层；董事会、监事会、经理层成员中符合条件的党员可以依照有关规定和程序进入党组（党委)；经理层成员与党组织领导班子成员适度交叉任职；党组（党委）书记、董事长一般由一人担任；推进中央企业党组（党委）专职副书记进入董事会。在董事会选聘经理层成员工作中，上级党组织及其组织部门、国有资产监管机构党委应当发挥确定标准、规范程序、参与考察、推荐人选等作用。积极探索董事会通过差额方式选聘经理层成员。

三是在决策程序上，明确党组织研究讨论，是董事会、经理层决策重大问题的前置程序。重大经营管理事项必须经党组织研究讨论后，再由董事会和经理层作出决定。党组书记（兼董事长）主持党组会研究“三重一大”事项时，要充分民主、有效集中，防错纠错；主持董事会时，要通过领导党员落实组织意图。党组不直接领导经理层，但进入经理层的党组成员和党员要落实党组决定。进入董事会的党组成员和党员要按党组决定在董事会发表意见，向党组织报告落实情况，党组要对未执行党组决定的党员批评纠正。

总之，把党的领导融入公司治理各环节，把企业党组织内嵌到公司治理结构之中，明确和落实党组织在公司法人治理结构中的法定地位，做到组织落实、干部到位、职责明确、监督严格，构成中国特色现代国有企业制度。

A Brief History of China's State-owned Enterprises Reform

第八章

# 国有资产管理体制改革历程

*建立国有资产管理体制问题，是随着国有企业改革的逐渐深化而提出来的。在改革初期，人们相继提出实现“政企分开”与“政资分开”的问题，要将国有资产管理的相关职能从其他经济管理部门中相对独立出来，集中由专门机构来行使。*

随着《企业法》的全面贯彻执行，要求摆脱政府对企业干预的呼声越来越强烈，加之多种经济成分迅速发展，在企业产权交易过程中，国有资产流失的现象时有发生。1987 年 7 月 22 日，我国首家对企业国有资产进行监督管理的公司——深圳市投资管理公司宣告开业，标志着国有资产管理迈出了实质性的步子。40 多年的国有资产管理体制沿革，大体经历了以下几个阶段。

## 一、国有资产管理体制探索阶段（1988—1998 年）

随着改革的逐步深入，面对日渐增多的企业合资等现状，为了解决国有资产管理混乱等问题，1988 年的全国七届人大一次会议，决定增设归口财政部管理的国家国有资产管理局，代表国家行使国有资产的代表权、使用权、收益权、处分权四大权能。国家国有资产管理局和各省（市、区）的国有资产管理专门机构相继成立。

按照国务院批准的“三定”方案，国家国有资产管理局是国务院管理国有资产的职能机构，其主要任务：管理国内和境外的国有资产；拟定国有资产的各项管理制度；制定国有资产投资的利润分配办法；会同有关部门实行承包、租赁、联营和拍卖清理中有关国有资产的评估问题；监督检查国有资产的使用情况，推动国有资产的管理工作。

国有资产管理局成立以后，针对国有企业改革过程中出现的国有资产管理弱化现象，加强了对国有资产的管理工作。

一是开展国有资产所有权界定和产权登记。把一切所有权应属国家的境内外国有资产纳入统一管理的轨道，对经界定后属于国有的资产进行产权登记，履行国家取得资产所有权和企业取得国有资产经营使用权的法律手续。

二是开展国有资产清产核资试点。按照先保卫、后提高效益的方针，首先对各种侵占、瓜分国有资产的行为进行坚决制止，然后有计划地开展清产核资工作，计划用三四年时间把家底摸清。

三是加强国有企业的产权管理。国家国有资产管理局会同有关部门联合发布《关于加强承包经营制责任制企业国有资产管理的试行办法》，设置了国有资产增长率、折旧基金、大修理基金提足率等 5 个考核指标，加强对国有资产保值增值的管理。

四是加强产权变动中的国有资产评估。制定了《在国有资产产权变动时必须进行资产评估工作的若干暂行规定》，并加强对评估机构的管理，使全国资产评估工作步入规范化的轨道。

如何建立科学、高效的国有资产管理体制，国家国有资产管理局在深入调研的基础上，提出了建立我国新型国有资产管理体制的基本设想。①

---

① 国家国有资产管理局“我国社会主义国有资产管理新体制研究”课题组．关于理顺产权关系与建立新型国有资产管理体制若干问题[J]. 经济研究，1993 年，第 2 期。

（1）在政府内部将从事宏观经济调控和行业管理的职能与从事国有资产产权管理的职能适当分开，建立国务院统一领导下的产权专职管理与非专职管理合理分工的组织体系。

（2）实行国有资产产权的政府行政管理与国有产权商业经营分开，将产权作为一种金融商品推向市场，建立一批企业性的产权经营主体，赋予其独立法人地位，切断其与政府的行政性隶属关系，使其在国家与一般生产流通企业间发挥中介作用。

（3）在建立现代企业制度的基础上，通过培育和发展企业集团，使国有经济形成一种由两大类型企业组成、从事双层（多层）经营的发展格局。一类企业主要以国有资产产权作为商品从事经营活动；另一类企业以所占用的国有资产进行产品和劳务的生产，并将其作为商品经营。两类企业、双层经营，共同实现国有资产的保值增值。

（4）突破现有“两权分离”框架的局限，建立与市场经济相适应的产权制度，改变古典所有权观念封闭性的束缚，在保障所有者原生产权的前提下，依法规范由所有权衍生出的各项派生产权，形成财产权的多重结构体系。

（5）分三个基本管理组织层次，合理界定其职能，形成从政府到企业的新型国有资产产权约束机制。

一是以国务院为主体的政府国有产权管理层次。管理的内容主要包括：决定国有增量资产的投向、国有资产经营规模与结构的调整、国营企业指令性计划制定与下达、国营企业经营社会目标与盈利目标的协调等。

二是以国家国有资产管理局为主体的政府国有产权专职管理层次。其产权管理的主要任务是从宏观上最有效地促进国有资产的优化配置。主要职能包括：统一制定国营企业资产产权管理法规、制度和政策；分析国营企业资产宏观经营状况与经营战略，并为国务院及时提供有关国有资产经营结构调整与资产重组的参考性建议，协调政府产权管理目标与社会经济管理目标的关系，以确保国营企业经营目标一元化；统一分类指导国营企业产权制度改革，培训、选聘与考核企业国有产权代表和高层经营管理人员；等等。国有资产管理局还可以根据需要分级或分工设置。

三是以监事会（或董事会、管理委员会）为主体的企业国有产权管理层次。与目前我国国有企业经营方式的三种主要类型（股份经营、承包经营和租赁经营）相对应，国有资产产权约束方式也有三种类型；股份制企业是以董事会为中介的产权约束方式，承包制企业是以承包合同为中介的产权约束方式，租赁制企业是以租赁合同为中介的产权约束方式。

国有资产管理的专门机构成立以后，按照国有资产“国家统一所有、地方分级监管、企业自主经营”的要求，各地进行了积极的改革探索。各地在国有资产管理和运营体制改革实践中遵循的原则：坚持国家所有权，维护国家权益；政资职能分开；政企职责分开；国有资产的管理和运营职能分开；国家的所有权与出资者的产权分开；企业出资者的产权与企业法人财产权分开。已经进行了该项改革试点的省市，大体都建立起了由三个层次构成的国有资产管理和运营体系。基本模式是：

第一层次，国有资产管理机构。省市政府成立国有资产管理委员会（或国有资产管理局），专司国有资产管理，主要从方针、政策、法规等方面对国有资产进行管理和监督。它通过向国有资产经营（投资）公司委派产权代表，实施国有资产委托经营，建立健全各项法规和规章，明确资产经营公司的责、权、利，以确保国有资产的保值增值。省市国资委（局）一般下设办公室，承担具体工作。

第二层次，国有资产产权经营机构。这一层次由若干个国有资产经营（投资）公司构成。由国资委（局）授权，作为国有资产产权运营主体，负责国家投入企业的国有资产经营。国有资产经营（投资）公司具有法人资格，是企业的股东。其主要职能是制定国有资产运营计划和目标，监督管理国营企业的经营，代表政府对国有资产参股或控股的企业行使股权，具有投资能力和产权组合能力，在价值上使国有资产保值增值。

第三层次，国有资产经营执行机构。它由国有企业、各类含有国有资产的集团及政府参股控制的股份制企业构成。这些企业依法享有出资者（包括国家）投入企业的全部财产，自主经营。

在上述体系的组建方式上，各地做法各异。上海实行的是“一分三”方案，即将原来的行业主管部门分为三部分：大幅度缩小后的行业主管局；原行业主管局主体部分改造成的国有资产经营公司；由主管局人员建立的资产评估事务所、会计师事务所等事业性单位。青岛市实行的是“小办大公司”方案，即少数人搞行业管理，多数人搞资产经营。

据河北省、上海市、烟台市、深圳市、武汉市、重庆市、广州市等省市的统计，各地除建立起国有资产管理机构外，共成立资产经营（投资）公司54家，有的经营公司已收到较好的经营效果。

1993年11月，中共十四届三中全会通过的《中共中央关于建立社会主义市场经济体制若干问题的决定》，进一步明确了对国有资产实行“国家统一所有、政府分级监管、企业自主经营”的体制，要建立中央、省级国有资产管理专门机构。在政企分开之外，首次提出了政资分开的概念。

到1998年为止，全国初步建成了中央、省、市、县四级国有资产管理机构，组建了一支3万多人的干部队伍。这些机构可分为几种模式：第一种是在同级财政部门下设立国有资产管理局，中央政府和大部分省、自治区、直辖市采取了这种模式；第二种是由地方党政部门设立国有资产管理委员会，下设国有资产管理办公室作为专职办事机构，如深圳、上海、内蒙古等地采取了这种做法；第三种是在政府下设国有资产管理局，或者是国有资产管理局与财政局一个机构两块牌子，主要是一些县级机构。

但是，要不要建立国有资产管理的专门机构，理论界和实际工作部门一直存在不同意见。一种观点认为必须设立国有资产管理专司机构。认为改革前政资不分，是造成政企不分的深层次原因；而要实现政资分开，就必须将分散在政府经济管理部门中的国有资产所有者职能独立出来，集中由一个国有资产管理专门机构行使。另一种观点则认为不必设立国有资产管理的专司机构。认为社会主义国家虽然具有社会管理者和国有资产所有者双重身份，行使双重职能，但是应当把双重职能看作国家总体职能的组成部分，不能只看到两者的区别而忽视两者的联系，不能从混淆双重职能走向割裂双重职能，即使必须区分双重职能，也不必分设国有资产管理专门机构。因此，1998 年全国九届人大一次会议，又决定将国有资产管理机构并入财政部。一建一撤，正好历时 10 个年头。

## 二、国有资产管理职能分置阶段（1998—2003 年）

国有资产管理局撤销后，国资管理职能移交财政部企业司。伴随国有资产管理局撤销的，还有机械部、冶金部、化工部、煤炭部等行业主管部门，改组为隶属于国家经贸委的 9 个国家局，并明确不再直接管理企业（2001 年 2 月，国家经贸委下属的 9 个国家局也相继撤销）。各行业管理部门撤销后，对行业内企业的管理职能分散到了各个政府职能部门。国有资产管理形成了“九龙治水”的管理体制：国家经贸委指导国有企业的改革与管理，并协调宏观经济的日常运营；财政部负责管理国有资本金；劳动和社会保障部负责国有企业的收入分配管理；国家计委负责国有企业的发展和项目审批；党的各级组织部门（企业工委）负责重点国有企业负责人的任免。大企业如联想等的转制，作为高科技企业给予员工一定的股份，最终也要由财政部批准，甚至成为总理办公会的议题。

政府直接管理企业的各行业主管部门撤销后，原先由这些部门管理的国有企业负责人面临着由谁管理的问题。1999 年 12 月 1 日，中共中央下发《关于成立中共中央企业工作委员会及有关问题的通知》，决定成立中共中央企业工作委员会（简称“中央企业工委”），作为中共中央的派出机构，将原由国务院管理的 163 户企业领导班子交由中央企业工委管理。其中，对 39 户涉及国家安全和国民经济命脉的国有重要骨干企业的领导班子列入中央管理干部的范围。这 39 户企业的行政领导职务，中央审批后由国务院任命。其他由中央企业工委管理的国有重要骨干企业的领导职务，由中央企工委审批；这些行政领导职务，中央企业工委审批后由人事部任命。[12]

随着以市场为取向的经济体制改革的不断深化，国有资产“九龙治水”的管理体制越来越表现出局限性。

一是政企不分使政府难以公正对待各类企业，造成“所有者越位”。政府既是社会经济的调控者，又直接管理着庞大的国有企业群。当政府行使社会公共管理职能时，往往用行政权力照顾国有企业，使其他企业感觉受到了不公正待遇；当政府行使国有资产所有者职能时，往往又对国有企业提出许多非经济性目标，要企业分担政府的职责，使国有企业感觉自己吃了亏。政府的双重身份和双重角色，使政府为各类企业创造公平竞争环境的努力大打折扣，企业很难成为真正意义上的市场主体。

二是政府多头管理，职责权限不清。企业国有资产笼统为国家所有，上述政府部门都可以国有资产所有者身份行使权能，但却没有一套可以追溯产权经营管理责任的体制。由于政府部门管理企业的权力几乎可以自己给自己增减，而且权力与责任严重不对称，一些部门往往倾向于通过设置过多的审批程序增加本部门权力。反之，企业又可以利用信息不对称的优势在多部门中周旋而实现“自己”的目标。在部门和企业各得其所的同时却没有一个集中统一的机构真正负责任地关心国有资产的状况。

三是企业内所有者缺位，容易形成“内部人控制”的治理结构。政府向企业放权时，由于缺乏必要的监督，在下放经营权的同时把所有权一并下放，在缺乏所有者激励与约束的情况下，企业的非正常行为屡屡发生，此时政府又倾向于收权。但是在上收所有权的同时，又将经营权也上收，企图通过过多的行政审批来矫正企业的不正常行为。要么，由于信息的严重不对称，经营者蒙蔽政府并非难事；要么，繁杂漫长的审批过程降低了办事效率，影响企业的改革发展。

四是中央和地方在国有资产管理的职责权限界定上不明晰。据了解，截至2001年年底，我国国有资产总量已达到109 316.4亿元，其中经营性资产73 149.3亿元，非经营性资产36 167.1亿元。这些国有资产分布于各地方各行业的17万多户国有企业中，而隶属于中央企业工委管理的企业只有近190家，99.9%的企业是由各级地方政府管理的。但地方政府不知道哪些事情该自己管理，管到什么程度，自己享有什么权益，承担什么义务，客观上也造成政府国有资产管理职能的弱化。

除了是否建立国有资产管理专门机构的分歧之外，在如何建立国有资产的管理体制、政府如何管理国有资产等方面，也都不同程度地存在着意见分歧。

1. 如何建立国有资产的管理体制

关于国有资产管理体制的建立，分歧焦点是建立国有资产管理的两个层次还是三个层次。多数人持三个层次的观点，即国有资产管理体制划分为三个层次：第一个层次是政府部门对国有资产的行政监管，具体形式可以是国有资产管理委员会、国有资产管理局等；第二个层次是资本运营机构对国有资产的运营，具体形式可以是国有控股公司、国有资产经营公司、国家投资公司、企业集团公司等，在《公司法》中称为“国家授权投资的机构”；第三个层次是企业对国有资产的经营，具体形式可以是独资公司、有限责任公司和股份有限公司等。并且认为，培育和发展第二个层次，是建立健全国有资产管理、监督、营运机制的关键所在。

另有一部分人则认为只有两个层次，即第一个层次是政府监管国有资产，第二个层次是企业经营国有资产，根本不存在所谓的中间层次——资本运营机构，运营与经营是一回事情，都属于企业经营自主权的范畴。

主张三层体制的人希望通过设立中间层次，赋予国有控股公司等以特殊法人的法律地位，在政府与企业之间形成一个

"隔离带"，从而实现真正的政企分开。主张两层体制的人则担心组建作为中间层次的国有控股公司等，可能会形成大量的行政性翻牌公司，出现"婆婆"加老板的现象。

2. 如何界定国有资产的产权归属关系

学界提出了两种解决模式：一是"国家统一所有，地方分级管理"，这也是中共十五届四中全会提出的国有资产管理模式；二是"地方分级所有"，即地方的国营企业完全属当地政府所有，地方政府拥有对该企业的全部所有者权益。

"分级所有"论者认为，中国是一个大国，必须承认地方利益的存在。目前中国财政体制事实上已是分级体制，应实现财权、事权、产权的有效统一。一级事权需要一级财权来做保证，而一级财权的形成又必须拥有一级清晰的产权。没有产权，财权只是无源之水。中央政权不给地方这些权力和责任，地方政府就会躺在中央政府的怀里，只会找中央政府要钱。有人甚至认为"我们的社会保障体系之所以建立不起来，就是因为地方政府没有相应的国有资本所有权和收益，会拖延甚至推诿社会保障的责任，这对于整个社会公平和社会稳定都是不利的"。

但是"国家所有、分级管理"的主张者们不同意这种主张。道理也很简单：某一地区国有经济的发展，通常是全国上下共同支持的结果，并不能认定为当地的一己资产。而且，如果实行"分级所有"，最大的问题是有可能带来国体的变化或政治体制的变化，存有政治风险。还有人认为，如果实行分级所有体制，将固化各级政府的利益格局，保护地方政府的所有者权益。

3. 政府是否应当收取国有资本收益

一种观点认为，应当收取国有资本收益，因为社会主义国家具有社会公共管理者和国有资产所有者双重身份，既然是所有者，那么，无论是按照马克思主义关于所有者享有占有、使用、收益、处分四项权能的理论，还是按照现代市场经济关于所有者享有资产收益、选择经营者、决定重大决策三项权能的理论，都离不开收益权。

另一种观点认为，政府管理国有资本主要是行使监督权而不是收益权，不应当收取国有资本收益，因为当时半数以上的国营企业尚未走出困境，税后无利可分。实际上，自 1994 年 1 月实施五大宏观体制改革以来，政府除对银行、保险等少数行业外，一般不再收取国营企业税后利润，有人甚至主张以立法形式规定一般竞争性行业的国营企业，政府不收取其资本收益。

“分级管理”作为主流观点，一直在现实中居于主导地位，但“分级所有”观点在某些年份也时有主张。在中共十五大期间，国务院发展研究中心曾经就“国有企业战略性改组”发表专题报告，其中第三部分“建立国有资产管理新体制”在提到“出资人到位、统一管理、分类管理”等问题的同时，建议“在适当调整各级政府管辖范围的基础上，改现有的分级管理为分级所有”。1999 年中共十五届四中全会前夕，国务院研究中心再次向中央提交了“国企改革攻坚十五题”的研究报告，其中也提到从“一级所有、多级管理向多级所有过渡”。

2002 年 10 月 28 日，中共十六大召开前夕，世界银行和国务院发展研究中心召开了一个国有资本管理和国有企业改革研讨会。会上，国务院发展研究中心企业研究所课题组提交了一份报告，又一次提出了要逐步变“分级管理”为“分级所有”的看法。

## 三、管资产和管人、管事相结合的国有资产管理体制阶段（2003—2013 年）

1998 年的国务院机构改革，将国有资产管理职能分散于中央政府的多个部门之后，在随后的两三年里，这种“多龙治水”管理体制的弊端迅速显现出来。一方面，由于人为割断了不同国有资产管理职能之间的天然联系，加大了行政管理的协调成本，加剧了国有企业的“内部人控制”现象；另一方面，这种管理体制也不利于政企分开、政资分开的真正实现，从体制上降低了国有企业与国有资产运营效率。针对上述问题，2002 年 11 月，中共十六大重新定位国有资产监督管理体制职能，提出“国家所有，中央政府和地方分别代表国家履行出资人职责，享有所有者权益”；建立“权利、义务和责任相统一，管资产和管人、管事相结合的国有资产管理体制”的构想。从“国家统一所有、政府分级监管、企业自主经营”到“国家所有，分级行使产权”的国有资产管理体制，意味着我国的国有资产管理体制实现又一次深刻变革。

尽管报告仍然强调“坚持国家所有”，但由于地方政府将享有完整的出资人权益，即将有可能自行决定这部分资产的拍卖、转让等事宜，事实上也就相当于拥有了属于自己的那部分产权。这一表述的关键，是将终极所有权和出资人产权的概念分离了，强调国家对所有中央和地方国有资产拥有终极所有权，出资人行使的是产权职能，和终极所有权是两个概念。

分级所有与分级产权的区别在于：分级所有是各级政府可以独立立法，政府间完全是市场交易关系。分级产权是政府间在正常情况下是平等主体关系，产权可进行交易。

“国家所有，分级行使产权”必须满足两个前提：一是国家必须统一制定法律法规；二是由于中央政府代表终极所有权，必要时拥有最后统一配置资源的权力。在这两个前提下，“国家所有，分级行使产权”既解决了“分级所有”可能带来的政治分割问题，又解决了“分级管理”带来的国有资产无人最终负责的问题。

国家所有，分级产权，政府分级行使出资人职责。理论上实现了终极所有权与出资人所有权的分离，既解决了出资人到位问题，比分级管理的提法更科学、明确；又避免了政治体制的风险，比分级所有现实。在理论上有独创性，在国际产权理论上有新的发展，完全是中国特色的产权理论，是符合中国实际的国家产权归属模式。

国家所有，分级产权，终极所有者是国家，中央政府和地方政府，行使的是出资人所有权，中央政府不是地方政府的所有者，国家作为终极所有者的权益需要通过立法确认。分级产权意味着地方政府将有更大的自主权，有利于形成国有经济内部的产权多元化，有利于运用市场化方式配置资源。

按照中共十六大和十六届三中全会提出的深化国有资产管理体制改革的精神，国有资产管理体制改革的重大原则可以归纳为“三分开、三统一、三结合”。“三分开”：一是政企分开，政府授权国有资产监督管理机构对企业国有资产履行出资人职责，不直接管理国有企业；二是政资分开，国有资产监督管理机构不行使政府的公共管理职能，政府其他机构、部门不履行国有资产出资人职责；三是所有权与经营权分开，国有资产监督管理机构不得直接干预企业的生产经营活动。“三统一”是国有资产管理的权利、义务和责任相统一。“三结合”是管资产和管人、管事相结合。以此为目标，国有资产进入了一个“资产化管理”的新时代。

2003 年全国十届人大一次会议决定成立新的国有资产管理机构——国务院国有资产管理委员会，作为国务院下设的“特设机构”。在国有资产国家统一所有的前提下，由“中央政府和地方政府分别代表国家履行出资人职责，享有所有者权益，权利、义务和责任相统一，管资产和管人、管事相结合的国有资产管理体制”。明确国务院国有资产管理委员会作为国务院授权的国有资产出资人机构，是国有资产管理体制的重大创新。实现了政府的社会公共管理职能与出资人职能分开，国有资产所有权与经营权分开。3 月 19 日，国务院常务会议决定，设立国务院国有资产监督管理委员会。3 月 26 日，国务院常务会议讨论通过了国务院国有资产监督管理委员会的“三定”方案，国务院国有资产监督管理委员会（简称“国务院国资委”）正式挂牌。

2004年，全国31个省份和新疆生产建设兵团国资委全部组建完毕。至当年年末已组建国有资产监管机构的市（地）有203个，占总数的45.3%；其中，单独成立国资委的有176个，占总数的39.3%。适应国有资产管理体制的变革，一些省份对国有资产经营机构进行了改革和调整。国有资产监管法规体系继续完善。落实国有资产经营责任的相关制度进一步健全，国务院国资委与所监管的中央企业全部签订了2004年度经营业绩责任书，同时启动了任期经营业绩考核工作。与经营业绩考核相配套，薪酬制度改革稳步推进。国有资本经营预算工作开始起步。国营企业监事会工作进一步改进，一些省份国资委开始探索监事会监督和其他监督相结合的途径和方式。

中共十六大以后，中国的国有资产管理事实上存在着两套体制，其中金融与文化类企业的国有资产由财政部履行出资人职责；实业类国有资产则由2003年重新成立的国资委履行出资人职责。两套国资管理体制大相径庭。财政部主要通过汇金公司来管理金融国资，其体制接近于新加坡淡马锡模式，但实际上金融国企多数时间都是处于放任状态；而国资委则用“管资产和管人、管事相结合”的方式直接监管国有企业，享有“资产收益、参与重大决策和选择管理者等出资人权利”，仅国务院国资委直接监管的中央企业就有189家（2003年国务院国资委成立时为189家，到2017年重组整合为98家），地方国企则由地方国资委监管。

国务院国资委成立以后，国有资产管理职能增强了，改变了当初“九龙治水”局面，国资委为实现国有资产保值增值、防止国有资产流失、发展壮大国有经济作出了积极贡献，这是改革的一大进步。但是就国资委10年的实际工作来看，国有资产监督机制不健全，国有资产监管中越位、缺位、错位问题依然存在，离当初的制度设计仍然存在较大距离。更为关键的是，国资委事实上只承担了国有产权的行政管理职能，没有承担国有产权经营的职能。

产权经营与对产权经营的行业管理是两个概念。前者包括选择项目、产权投资、选拔董事、治理出资企业以及变现退出等高度专业性的操作，是职业资本管理人的各项职能；后者则是对产权资本经营这个行业制定政策规定及监管经营者等宏观行为。作为政府机构的国资委（虽然国资委在行政系列中定义为国务院直属特设机构，但其实际职能并没有超出政府系列范围），充其量只能承担产权经营行业管理的职能，却不可能承担有效经营国有产权的职能。

第一，国资委不具备国有产权经营的民事责任能力。2003年5月13日公布的《企业国有资产监督管理暂行条例》第12条规定：“国务院国有资产监督管理机构是代表国务院履行出资人职责、负责监督管理企业国有资产的直属特设机构。”同时规定“国有资产监督管理机构不行使政府的社会公共管理职能”。这一规定，明确了国资委对国有企业的管理权仅限于出资人权利的制度追求，国资委代表政府履行出资人职责。简单来说，就是所出资企业的股东，代替国家来当“老板”。但是，按照这一制度设计，作为“国务院正部级直属特设机构”的国资委却缺乏当“老板”的能力。

（1）我国《公司法》规定，公司是企业法人。公司以其全部财产对公司的债务承担责任；公司股东以其认缴的出资额（或其认购的股份）为限对公司承担责任。然而作为国有公司“老板”的国资委，却没有属于自己的法人财产，因此也无法为所出资公司的债务承担责任。

（2）股东诉讼是作为股东实现其民事权利、防范公司治理中的道德风险的重要手段，是现代公司法的一项重要内容。在发达的资本主义国家，它已经成为一项成熟的法律制度，股东诉讼权也成为公司股东维护股东自身利益和公司利益的重要权利，我国《公司法》也有关于股东诉讼的粗略规定。但《企业国有资产监督管理暂行条例》，却没有规定国资委可以以股东身份提起股东诉讼的权利。

第二，国资委不具备国有产权经营的民事行为能力。一方面，产权经营具有高度的复杂性，要求产权经营者高度专业化并具有持续学习的能力，这与目前国资委工作人员的业务素质和政府部门的运行机制和工作方式相去甚远。从中央到地方，相当一部分人不是搞经济工作的，绝大部分人甚至没有在企业工作过，显然难以胜任产权经营的专业性工作，对于经营归属权的管控、资产控制、收益及处置等权利的行使，多数人不具备基本的专业素养。而另一方面，经过多年的经济体制改革，国有企业已经享有了“自主经营、自负盈亏、自求发展”的权利，这是改革取得的最大成就之一，也就是说，现在的国有企业已经有了比较完整意义的企业控制权。而且按照现行的制度安排，国有资产的收益分配权和资产处置权也基本上控制在企业在位者手里。因而事实上某些国有企业已经丧失了国有产权的功能，名为国有资产，实际上已异化成为企业“在位者群体”特殊利益服务的“合伙财产”，在电信、电力、石化等国资主导的垄断性企业中，员工收入会几倍地高于同级局外人的现象就是最好的证明。国有资产的控制、收益和处置权都已经落到企业在位者手上，而作为国有资产出资人代表的国资委，对国有产权的控制、收益和处置基本上不能参与。政府作为国有企业法律所有者的最后一道防线，只剩下了人事任免权。而国有企业高层人事制度的行政化与政治化，使得企业产权管理层忽视企业家精神而更看重政治前途；轻视企业长期发展远景而更看重短期指标。按照这种标准选出来的企业领导人，智商未必不高，能力未必不强，但要成为志存高远、勇于创新、敢担风险、临危善断的企业家型人才可能微乎其微。其结果是，企业可能做大，但不可能做强。

第三，国资委仍然没有完全摆脱既当“老板”又当“婆婆”的角色冲突。国资委虽然是国务院下设的“特设机构”，但仍然是一个行政性出资人机构，行政性出资人的行为没有边界，就很容易造成越位对企业造成行政干预。著名学者李曙光在某大型国企担任独立董事时发现，在一个资产规模过千亿的公司里，价值 30 万的子公司要撤销、解散，都必须经过国资委审批，“作为出资人，国资委有时管得太细”。对企业的内部事务，国资委的干预甚至细致到职工教育培训经费、女职工工作、企业财务信息化、班组建设等。

于是，新一轮全面深化改革浪潮，又将国资委的职能转变推到了风口浪尖。也许是历史的巧合，这距离国资委的成立正好又是 10 年。

## 四、以管资本为主的国有资产监管体制阶段（2013 年以后）

2013 年中共十八届三中全会，重新明确了国有资产监督管理机构的职能定位。新的国有资产管理体制改革思路：实现“一个转变”、建立“两个清单”、做到“三个归位”、抓好“四个重点”、创新监管方式和手段。

实现“一个转变”。推进国有资产监管机构职能由以管企业为主向以管资本为主转变。

建立“两个清单”。建立监管权力清单和责任清单，有利于使国有资产监管工作明确权责、转变职能、优化流程、提高效率、接受监督。

做到“三个归位”。将应由企业自主经营决策的事项，如企业的投资计划、部分产权管理和重大事项决策等，归位于企业；将延伸到监管子企业的管理事项，原则上归位于一级企业，由一级企业依法依规决策；将国有资产监管机构配合承担的政府公共管理职能，归位于相关政府部门和单位。

抓好“四个重点”。一是管好国有资本布局，更好地发挥国有经济的主导作用。二是规范国有资本运作，使国有资本运作的规模、方式、路径、目标等，符合国有资本的战略定位。三是提高国有资本回报，增强国有企业活力，提高企业经济效益，提升企业服务国家战略和社会发展的效率。四是维护国有资本安全，实现国有资产保值增值，维护国有资本在关键领域和重要行业的控制力。

创新监管方式和手段，改变行政化管理方式，探索以资本为纽带，通过公司治理体现国有出资人意志；在资本运作、选人用人、经营业绩考核等方面，根据企业不同功能定位，实施分类监管，增强监管的针对性。具体来说：

（1）以管资本为主推进国有资产监管机构职能转变。要求国有资产监管机构准确把握依法履行出资人职责的定位，科学界定国有资产出资人监管的边界，建立监管权力清单和责任清单，实现以管企业为主向以管资本为主的转变。该管的要科学管理、决不缺位，重点管好国有资本布局、规范资本运作、提高资本回报、维护资本安全；不该管的要依法放权、决不越位，将依法应由企业自主经营决策的事项归位于企业，将延伸到子企业的管理事项原则上归位于一级企业，将配合承担的公共管理职能归位于相关政府部门和单位。大力推进依法监管，着力创新监管方式和手段，改变行政化管理方式，改进考核体系和办法，提高监管的科学性、有效性。

（2）以管资本为主改革国有资本授权经营体制。科学界定国有资本所有权和经营权的边界：国有资产监管机构依法对国有资本投资、运营公司和其他直接监管的企业履行出资人职责，并授权国有资本投资、运营公司对授权范围内的国有资本履行出资人职责。国有资本投资、运营公司对国有资产监管机构授权范围内的国有资本履行出资人职责，依法自主开展国有资本运作，对所出资企业行使股东职责，以出资额为限承担有限责任。国有企业（包括国有独资、国有全资、国有控股、国有参股公司）依法享有出资人投资形成的全部法人财产权，按照责权对应原则承担国有资产保值增值责任。

（3）以管资本为主推动国有资本合理流动优化配置。改组组建国有资本投资、运营公司，探索有效的运营模式，通过开展投资融资、产业培育、资本整合，推动产业集聚和转型升级，优化国有资本布局结构。通过股权运作、价值管理、有序进退，促进国有资本合理流动，实现保值增值。开展政府直接授权国有资本投资、运营公司履行出资人职责的试点。发挥国有资本投资、运营公司的作用，清理退出一批、重组整合一批、创新发展一批国有企业。建立健全优胜劣汰市场化退出机制，充分发挥失业救济和再就业培训等的作用，解决好职工安置问题，切实保障退出企业依法实现关闭或破产，加快处置低效无效资产，淘汰落后产能。支持企业依法合规通过证券交易、产权交易等资本市场，以市场公允价格处置企业资产，实现国有资本形态转换，并将变现的国有资本用于更需要的领域和行业。支持国有企业开展国际化经营，鼓励国有企业之间以及与其他所有制企业以资本为纽带，强强联合、优势互补，加快培育一批具有世界一流水平的跨国公司。

（4）以管资本为主推进经营性国有资产集中统一监管。稳步将党政机关、事业单位所属企业的国有资本纳入经营性国有资产集中统一监管体系，具备条件的进入国有资本投资、运营公司。加强国有资产基础管理，抓紧制定企业国有资产基础管理条例。建立覆盖全部国有企业、分级管理的国有资本经营预算管理制度，提高国有资本收益上缴公共财政比例，2020 年提高到 30%，更多用于保障和改善民生。划转部分国有资本充实社会保障基金。

A Brief History of China's State-owned Enterprises Reform

第九章

# 改革开放后的宏观经济环境与国有企业改革

*改革开放 40 多年来，我国经济发展取得了举世瞩目的成就，多年高速增长没有出现常规市场经济中必然存在的周期性经济危机，这在世界上绝无仅有。我国在迈向工业化的道路上飞速前进，成功实现了计划经济向市场经济的转型。*

我国国内生产总值（GDP）从 1978 年的 3 678.7 亿元跃升至 2017 年的 827 121.95 亿元。[13]（参见表综 · 3）在世界主要国家中的排名由 1978 年的第十位上升到第二位，比排名第三位的日本高出 497 125.81 亿元。人均国民总收入由 1978 年的 190 美元上升至 2017 年的 8 582.94 美元。① 外汇储备由 1978 年的 1.67 亿美元扩大到 2017 年的 31 399 亿美元。进出口贸易总额从 1978 年的 206 亿美元增长到 2017 年的 42 712.45 亿美元。

回顾 40 多年的历史，一系列带有标志性意义的关键节点印证了中国改革开放的辉煌历程。

1983 年，我国棉布、絮棉敞开供应，掀开了告别“短缺经济”的序幕。

1986 年，我国国内生产总值首次突破一万亿元，达到 10 376.2亿元，较之 10 年前增加了近 3.5 倍。

1991 年，我国居民民用食糖敞开供应。

1992 年，我国放开蛋、菜、肉价格，取消蛋票和肉票；并同时放开了生产资料价格。

1993 年，我国停止发放居民购货证，放开粮油价格，取消粮票、食油票，粮油实现敞开供应，长达近 40 年的“票证经

---

① 2017 年 12 月末，人民币汇率的中间价为 1$ =6.5063 ¥ 。

济”就此落幕。

2000 年，我国国内生产总值首次突破 10 万亿元，达到 100 280.1亿元。

2001 年，我国正式成为世界贸易组织（WTO）成员国，中国经济融入世界经济的步伐明显加快。

2006 年，我国大陆外汇储备总额达到 1.07 万亿美元，首次超过日本，成为全球第一大的外汇储备国。也是这一年，我国全面取消农业税，实行了 2 000 多年的皇粮国税退出历史舞台。

2009 年，我国汽车产销量超过美国，这在世界工业史上是一个标志性的事件。

2010 年，我国经济总量首次超过日本，成为仅次于美国的全球第二大经济体；中国制造业产值首次超过美国，之后一直稳居全球第一。

2012 年，我国贸易总额首次超过美国，成为全球最大贸易国。

2015 年，人民币进入国际货币基金组织（IMF）特别提款权（SDR）货币篮子，人民币国际化进程迈出重大步伐。也是这一年，我国实施了 50 多年的城乡二元户籍制度退出历史舞台。

2016 年，我国由资本净输入国变为资本净输出国。

2017 年，在世界上 500 种主要工业品中，我国有 220 多种产品产量位居全球第一位。截至 2017 年年底，全国铁路营业里程达到 12.7 万公里，其中高铁 2.5 万公里，占世界高铁总量的

表综·3　改革开放以来我国各年国内生产总值及其指数

| 年　份 | 1976 | 1977 | 1978 | 1979 | 1980 | 1981 | 1982 | 1983 | 1984 |
|---|---|---|---|---|---|---|---|---|---|
| 国内生产总值（亿元） | 2 988.6 | 3 250 | 3 678.7 | 4 100.5 | 4 587.6 | 4 935.8 | 5 373.4 | 6020.9 | 7 278.5 |
| 国内生产总值指数 | -1.6 | 7.6 | 11.7 | 7.6 | 7.8 | 5.1 | 9 | 10.8 | 15.2 |
| 年　份 | 1985 | 1986 | 1987 | 1988 | 1989 | 1990 | 1991 | 1992 | 1993 |
| 国内生产总值（亿元） | 9 098.9 | 10 376.2 | 12 174.6 | 15 180.4 | 17 179.7 | 18 872.9 | 22005.6 | 27 194.5 | 35 673.2 |
| 国内生产总值指数 | 13.4 | 8.9 | 11.7 | 11.2 | 4.2 | 3.9 | 9.3 | 14.2 | 13.9 |
| 年　份 | 1994 | 1995 | 1996 | 1997 | 1998 | 1999 | 2000 | 2001 | 2002 |
| 国内生产总值（亿元） | 48 637.5 | 61 339.9 | 71 813.6 | 79 715 | 85 195.5 | 90 564.4 | 100 280.1 | 110 863.1 | 121 717.4 |
| 国内生产总值指数 | 13 | 11 | 9.9 | 9.2 | 7.8 | 7.7 | 8.5 | 8.3 | 9.1 |
| 年　份 | 2003 | 2004 | 2005 | 2006 | 2007 | 2008 | 2009 | 2010 | 2011 |
| 国内生产总值（亿元） | 137 422 | 161 840.2 | 187 318.9 | 219 438.5 | 270 232.3 | 319 515.5 | 349 081.4 | 413 030.3 | 489 300.6 |
| 国内生产总值指数 | 10 | 10.1 | 11.4 | 12.7 | 14.2 | 9.7 | 9.4 | 10.6 | 9.5 |
| 年　份 | 2012 | 2013 | 2014 | 2015 | 2016 | 2017 | — | — | — |
| 国内生产总值（亿元） | 540 367.4 | 595 244.4 | 643 974 | 689 052.1 | 744 127 | 827 122 | — | — | — |
| 国内生产总值指数 | 7.9 | 7.8 | 7.3 | 6.9 | 6.7 | 6.9 | — | — | — |

资料来源：根据国家统计局公布的历年数据制作。

66.3%。汽车销量已经连续9年居全球第一。[14]

40多年来的改革开放是成功的，但并非一帆风顺。改革开放从一开始就处于不断探索之中，其推进的过程就是直面问题、寻求解决办法、不断克服困难的过程。改革开放之所以能够取得成功，最重要的经验之一，是较好地处理了改革、发展、稳定三者之间的关系。改革的目的是加快发展，而改革与发展又需要有一个相对稳定的环境。同时，改革自身带有风险，改革与发展也势必打破原有的平衡，产生不稳定因素。但是，如果把稳定置于首位，阻碍改革与发展，最终将会导致更大的不稳定。中国的改革开放，就是始终坚持通过改革推动发展，加快发展促进稳定，而当改革和发展导致新的不稳定因素出现时，又及时通过进一步的深化改革将其消除，在保持稳定的基础上推动经济继续发展的过程。

纵观40年的宏观经济运行，先后经历了4个经济周期（为了分析需要，本书将从第一个经济周期的波谷年1976年开始计算）：1976—1981年为第一个周期；1982—1990年为第二个周期；1991—1999年为第三个周期；2000—2017年为第四个周期。①（参见图综·1）

① 经济波动的周期性是从经济周而复始地出现扩张和收缩的意义上来说的，并不代表经济波动具有严格、绝对的固定规则。经济周期的划分有两种方法：一种是从一个波峰到另一个波峰之间为一个经济周期；另一种是从一个波谷到另一个波谷之间为一个经济周期。两种方法划分出来的经济周期是不相同的，但这对经济分析并没有影响。本书采用的是“波谷—波谷”的周期划分方法。

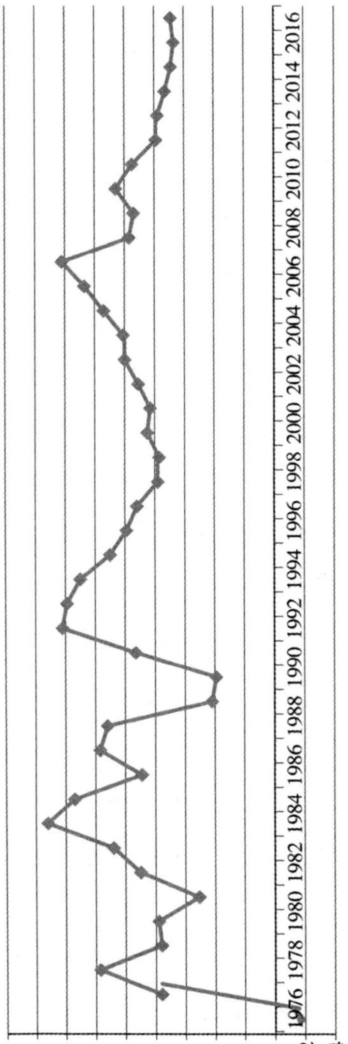


**图综·1　改革开放以来我国GDP增长率变化图**

资料来源：根据国家统计局公布的相关数据制作。

应加说明的是，划分经济周期有“波峰—波峰”“波谷—波谷”两种方法，本书采用的是“波谷—波谷”的周期划分方法。这里所谓的“波谷”，指的是经济增长在一定时间区间内的极小值。故在周期划分时，并不只考虑经济增速的每一个升降波动，而是要综合考虑经济增速的高低和经济增长内生动力的变化。由于经济增长的周期性波动一定程度上反映了经济运行的内在规律，因而周期的划分还必须兼顾不同阶段经济运行规律的相似性。例如，虽然 1986 年的经济增速处于一个相对低位，但是 1990 年经济增速显然更低。因此，有理由认为 1987 年经济增速的上升是一个在更长的收缩期内出现的反弹，而不是新的周期的开始，故本书将 1982—1986 年和 1987—1990 年这两个小周期合并以得到一个更长的周期。① 同理，2007—2010 年出现的小周期，主要是 2008 年受全球金融危机的影响，我国经济受到严重冲击，面临着“硬着陆”的风险，中共中央、国务院果断采取反周期运作措施，及时推出了包括 4 万亿元投资在内的一揽子刺激计划，避免了经济出现大的波动，成功促进我国经济率先实现了企稳回升。但从长期趋势看，这也是在更长收缩期内出现的一种反弹。

经济周期的对称性是反映经济扩张期和收缩期持续时间的相对长短，也是反映经济波动情况的重要指标。依波动型态对经济周期的分类，有前峰型周期、后峰型周期、对称型周期和

---

① 黄涛．对改革开放以来我国经济周期的分析[J]．调研世界，2011 年，第 10 期。

双峰型周期 4 种。前峰型周期表现为扩张期短而收缩期长；后峰型周期正好相反，表现为扩张期长而收缩期短。前峰型周期表明经济很容易“过热”，而给经济降温则相对困难。经济过热往往导致盲目低水平重复建设、投资无序、过度竞争等有损效率的经济行为，还会引起物价上涨，增加人们的生活成本。后峰型周期表现为经济缓慢上升，至增速超过潜在增长率后急剧回落，这种回落可能是由于经济的内在收缩，也有可能是紧缩性政策或者外部冲击所致，经济的“硬着陆”同样对经济的损害十分巨大。对称型周期意味着经济既没有出现急剧“过热”，也没有发生“硬着陆”，是一种比较理想的增长状态。

我国 40 多年来的宏观经济运行，1999 年前后是一个分界线。在此分界线的前后两段，经济波动的频率和幅度明显不同，前者大起大落，后者显著平缓。1976 年到 1999 年的 24 年间，我国宏观经济运行经历了 3 个经济周期。GDP 增长速度上升的年份数仅有 9 年，而 GDP 增速下降的年份数则多达 15 年。这一期间，经济起伏频繁，经济波动频度高，GDP 增速从前一个阶段性的波谷抵达下一个阶段性的波峰所需的时间较短，而从一个阶段性的波峰抵达下一个阶段性的波谷所需的时间较长。这种经济“扩张”期和“收缩”期之间的不对称性，直接导致了 1999 年以前我国经济波动呈现出前峰型的特征，经济很容易就过热，而给经济“降温”的持续时间却较长。并且在 1990 年以前的第一、二个经济周期，经济完全就是“硬着陆”。

1999 年以后，我国经济运行的平稳性明显增强，18 年间宏观经济运行就是一个经济周期。扩张期8年，收缩期10年，大体呈现出对称型周期的态势，而且波动剧烈程度明显小于1976—1991年这段时期。从1994年到2017年，我国经济持续了20多年的高位运行，创造出超长增长与超低波动并存的奇迹，这不得不归功于我们选择的中国特色社会主义道路。

1991年以后，中国经济一共有两次过热：一次是1992—1994年，另一次是2005—2007年，1992年和2007年的增长速度均达到了14.2%。2007年以后，我国有过两次非常明显的逆周期政策刺激：一次是2009—2010年的两年四万亿政策。2007年经济过热后，本来2008年就开始了主动调整，但年末受全球金融危机的影响，被迫采取刺激政策，导致一轮新的过热，出现一个小的高峰，经济增长超过10%。另一次则是2012年中期至2016年中期实施的加杠杆、稳增长政策，包括基建投资提速、房地产刺激、PPP加码等，其代价是国有企业、地方政府和居民的杠杆率水平都大幅上升。第四个经济周期经济下行，2016年可以说是探底了，2017年比2016年稍微高一点了，但估计经济运行尚未走出第四个周期，也许探底以后还会在底部徘徊一段时间。①

---

① 2017年，我国GDP增速为6.9%，其中，最终消费贡献了4.1个百分点，资本形成贡献了2.2个百分点，而净出口贡献了0.6个百分点。如果只考虑投资和消费这两驾马车，则2016年GDP增速为7.2%（净出口负贡献0.5%），2017年为6.3%（净出口正贡献0.6%），2017年投资和消费贡献的GDP增速居然下滑了近一个百分点。因此，在不考虑外需变化因素的前提下，我国经济增速在2017年出现了明显放缓，这既有自然回落因素，又有政策调控因素。如2016年房地产行业增加值的增速达到8.6%，2017年降至5.6%，2016年金融业增加值的增速为5.7%，2017年降至4.5%。

分析国有企业改革40多年的历史进程不难发现，国有企业改革政策措施的出台、实施和调整，无不与宏观经济形势的发展变化密切相关，这种情况在改革的前两个时期表现得尤为突出。宏观经济的周期性波动，既是微观经济主体作用的结果，又反过来对微观经济主体的生产经营和经济效益产生严重影响，进而直接影响到国有企业改革的政策取向和改革措施的实际效果。尤其在20世纪90年代中期以前，国有经济一统天下，是国民经济的重要支柱、国家财政收入的主要来源，宏观经济环境对国有企业改革措施的影响更加直接。对改革以来的若干重大政策措施，如经济责任制、两个“拨改贷”、两步“利改税”、价格“双轨制”、承包经营责任制、转换企业经营机制、税利分流、债转股、兼并破产、下岗分流、主辅分离辅业改制、股权多元化、垄断行业分拆重组、淘汰落后产能等，无一不能从经济环境的角度找到产生的历史背景和客观原因。分析各个经济周期的宏观经济形势和中央政府历次的宏观调控政策，对应考察国有企业改革进程，可以找出宏观经济环境变化与国有企业改革措施变化的清晰脉络。

## 一、第一个经济周期（1976—1981年）

1977—1978年的国民收入超分配造成国民经济比例失调，国家财政极其困难。1979—1981年，中央政府实施了改革开放以来的第一次宏观经济调控，基调是“调整、改革、整顿、提高”八字方针。调控的手段主要是行政手段：控信贷、控财政、控物价、紧支出。

相应地，这一阶段的国有企业改革措施主要是扩大企业自主权、设立企业基金、利润留成、经济责任制、企业整顿、两个“拨改贷”等。

客观地说，我国早期的国有企业改革，并没有十分明确的改革时间表和路线图。1988 年制定的《经济体制改革“三五八方案”》，曾试图补上这个缺憾，但以后因为各种各样的原因，《方案》最终并未得到最高决策层的采纳。至少在国有企业改革的前两个时期，改革的起步和改革措施的推进，是被经济形势倒逼的。

1977 年之后，中国经济开始加速增长。1978 年 GDP 增长率达到了 11.7%的高点。按照 1978 年中共中央提出的加快发展规划，1978—1985 年 8 年间基本建设投资相当于过去 28 年的总和，而所需设备都要从国外引进。1978 年，国家基本建设方面的拨款比上一年增加了 40%以上，签订了 22 个大型项目引进合同，所需外汇远远超过当时的承受能力。一方面，迅速增长的基建投资使财政支出大大增加。另一方面，全国还有 1/3 的企业管理比较混乱，生产秩序不正常。在全国重点工业企业主要工业产品的 30 项主要质量指标中，有 13 项低于历史最好水平；在38 项主要消耗指标中，有 21 项没有恢复到历史最好水平。国有工业企业每百元工业产值提供的利润，比历史最好水平还低 1/3。独立核算的国有工业企业亏损面达到 24.3%，亏损额达 37.5 亿元。国有企业经济效益的下降已经到了国家财政能力能够承受的极限，1978 年国家财政结余 10.1 亿元，1979 年财政出现赤字 206 亿元，达到当年国民生产总值的 5.2%。[①] 企业“是否具有强大活力，对于我国经济的全局和国家财政经济状况的根本好转，对于党的十二大提出的到 21 世纪末工农业年总产值翻两番的奋斗目标的实现，是一个关键问题”。[②] “现行经济体制的种种弊端，恰恰集中表现为企业缺乏应有的活力。”[③] 国有企业改革就是在这样的宏观经济背景下起步的。

为什么在酝酿改革时，从上到下都把目光集中到扩大企业自主权上？当时大家普遍认为，“现在我国经济管理体制的一个严重缺点是权力过于集中”，[④] 政府对国有企业管得过多，统得过死，束缚了企业的活力。基于这一认识，“扩大企业自主权”成为改革措施的首选。在给企业放权的同时，还实行了给企业“让利”的措施，也就是改变传统的统收统支制度，给企业一定的财权，以调动企业与职工的积极性。最初的办法是设立企业基金，以后用“利润留成”替代了“企业基金”。在“放权让利”的同时，为了约束企业行为，采取了实行经济责任制的措施；为了提高企业管理水平，又采取了企业整顿措施。

由于国家财政困难，财政部门要急于改变“由国家承担企

---

① 吴敬琏，马国川. 重启改革议程：中国经济改革二十讲[M]. 北京：生活·读书·新知三联书店，2013 年 1 月，第 216 页。

② 中共中央关于经济体制改革的决定[M]. 北京：人民出版社，1984 年 10 月，第 12 页。

③ 中共中央关于经济体制改革的决定[M]. 北京：人民出版社，1984 年 10 月，第 11~12 页。

④ 中国共产党第十一届中央委员会第三次全体会议公报[M]. 北京：人民出版社，1978 年 12 月，第 7 页。

业全部投资，直接控制其生产经营活动，以追求企业产出最大化”的管理模式。于是出台了两个“拨改贷”措施。目的是增强国有企业使用资金的成本意识，改变企业“无偿”使用国有资金，企业吃国家资金“大锅饭”的状态。其实更重要的目的，则是减少国家的财政支出，减少国家财政对国有企业的负担。1979 年 8 月开始实施的只是基本建设投资，1980 年 11 月扩大到技术改造投资，1983 年再进一步扩大到流动资金。这就是著名的固定资产和流动资金两个“拨改贷”。[15]

因为计划盘子过大带来的国民收入超预算，使国民经济出现了严重的比例失调，中央政府从 1979 年开始，实施了改革开放以来的第一轮宏观调控，提出“调整、改革、整顿、提高”的八字方针。1980 年之后变得严厉，年底调整了国民经济计划，降低各项指标，压缩中央和地方的财政支出；当年还发行了 48 亿元国库券，冻结企业和居民的余钱，抑制需求的过快增长。这些措施实施之后，物价指数下降了，同时 GDP 的增长率也下降了，1981 年落到谷底，增长率只有 5.1%。

## 二、第二个经济周期（1982—1990 年）

放权让利的改革和推行企业经济责任制给企业带来了生机和活力，也使得财政状况明显好转。财政赤字从 1980 年的 127 亿元大幅度减少到 1981 年的 25 亿元。然而，在皆大欢喜的同时，问题也接踵而至。在传统体制下，企业的资金占用、基础条件、地理位置、产品价格等都是由国家计划安排的。这在统收统支体制下不成问题的差别，当允许企业有了一定的利润留成和奖金分配权后，企业与企业之间吃国家“大锅饭”的局面迅速被打破了，服务于同一行业不同企业的员工过去收入相等的局面也开始改变了，形成了所谓的“苦乐不均”现象。同时，在计划体制下，企业的各项计划指标都是按照“基数法”，即以上年实际完成数为基础再经过“讨价还价”来确定的。这样做的结果，必然是基数越大的企业指令性计划指标也越高，于是又形成了所谓的“鞭打快牛”现象。为了解决这两个矛盾，“利改税”的思想开始酝酿，并最终形成新的改革措施出台。

第一步“利改税”，是将国有企业原来给国家上缴利润的办法，改为按国家规定的税种和税率向国家缴纳所得税。第二步“利改税”，除了改革工商税收的税种结构外，还对征收所得税以后有多余利润的国有企业再征收调节税。两步“利改税”的主导性决策思想，从改革的角度看，是为了克服国营企业的“苦乐不均”和“鞭打快牛”现象，为企业创造公平竞争的经营环境。从财政部门的角度看，则是为了划清政府财政收入和企业可支配收入的界限，保证国家财政收入稳定增长。从完善我国税收体制角度来看，两步“利改税”应该是一大进步，但由于外部体制改革不配套和当时历史条件的局限性，“利改税”则存在明显缺陷和不足（尤其是“利改税”第二步，反而加剧了“鞭打快牛”的程度），加之出台的时机正好是经济过热后的整顿和紧缩时期，在两步“利改税”推行后，出现了全国国有企业实现利润连续22个月滑坡的局面，“利改税”因此被迫终止。

第一次宏观调控在1981年结束以后，宏观经济经历了短暂的调整，很快就转为快速增长，并在1984年到达波峰。主要诱因是改变银行信贷计划管理办法，扩大专业银行贷款自主权。当时规定，今后中央银行给专业银行的贷款额度，将以1984年的贷款实际发生额为基数，实行“存贷挂钩、多存多贷”。各专业银行为了扩大贷款额度，逐级下达指标，在1984年盲目扩张信贷规模，其中12月同比增长达84.4%。[①] 与此同时，随着企业在工资、奖金方面的自主权扩大，以1984年的工资奖金总额作为基数，导致企业突击提工资、发奖金。信贷和需求的扩张使1984年的GDP增长率达到15.2%，并在1985年引发物价迅速上涨。

为此，1985年2—10月，国务院先后四次召开省长会议，以期在制止工业乃至整个经济过热方面统一思想，并从1985年二季度开始，实行财政、信贷“双紧”的紧缩政策。中央银行加强了贷款额度的控制，两次上调存贷款利率。由于紧缩力度过猛，又导致经济降温过急。到1986年2月，全国乡及乡以上独立核算工业企业总产值仅比上年同期增长0.9%；一季度工业总产值仅比上年同期增长4.4%，降到了自20世纪80年代实施调整以来的最低点。于是，经济“滑坡”的呼声四起。受“滑坡”呼声的压力和片面追求经济增长速度的发展战略影响，从这年二季度起，国家被迫放松银根，重新采取扩大支出，刺激

---

① 赵凌云.1978—1998年间中国国有企业改革的发生与推进过程的历史分析[J].当代中国史研究，1995年，第5期。

需求的措施。财政支出和信贷规模再次大幅度上升，货币发行重新大幅度增加，企业效益再度严重下滑，国民经济面临新的困难。

为了摆脱经济被动，也为了解决“利改税”办法中存在的问题，国家从 1987 年上半年开始全面推行承包责任制。承包制全面推行后果然不负众望，仅仅两个月，就一举扭转了全国工业企业实现利润连续 22 个月下滑的局面，当年即增加财政收入 60 多亿元。到 1988 年年底，即全面推行承包经营责任制后 20 个月，全国预算内工业企业增创利税 369 亿元，相当于 1981 年到 1986 年 6 年间企业所创利税的总和。当初亿万农民屡试不爽的“一包就灵”，在千千万万个城市企业中又一次得到应验。

全面推行承包经营责任制带来的宏观经济暂时复苏鼓舞了改革者的信心，在经济总量比例关系仍然严重失调和通货膨胀压力加速累积的情况下，① 于 1988 年 8 月开始了价格改革“闯关”。并因此引发了 20 世纪 50 年代初以来最严重的商品抢购风潮，物价指数迅速窜高，而价格上涨预期又导致抢购、囤积、倒买倒卖等行为，使经济形势进一步恶化，居民消费价格指数同比上涨 18.8%，创下历史纪录。

1988 年 9 月，中央政府被迫实施“强行着陆”的第三次宏观调控，基调是“治理经济环境、整顿经济秩序、全面深化改

① 从 1987 年下半年起零售物价已经开始上扬，1988 年一季度零售物价指数突破两位数，4 月居民储蓄存款出现负增长，一些地方还出现了零星的抢购事件。见吴敬琏、马国川，《重启改革议程：中国经济改革二十讲》，北京：生活·读书·新知三联书店，2013 年 1 月，第 221 页。

革”。一是强化对物价的管理和控制。二是调整银行储蓄利率。中国人民银行从1988年9月10日起开办人民币长期保值储蓄存款，并于9月1日和1989年2月1日两次提高银行储蓄存款利息。活期存款利率达到2.88%，3个月定期存款利率达到9.00%，最高的8年定期存款利率达到17.64%。三是压缩社会集团购买力。四是压缩基建规模。五是清理整顿各类公司。经过一年左右的治理整顿，过旺的社会需求得到有效的控制，过高的工业生产速度明显回落，市场开始降温，相当多的商品由原来供不应求的卖方市场转变为供大于求的买方市场。

在经济膨胀、市场供不应求、严重通货膨胀的情况下，企业多年来质次价高的库存商品都销售一空，促使企业开足马力盲目生产，粗制滥造、不计成本的现象重新抬头。市场转旺，掩盖了企业管理上的缺陷，通过推行竞争招标承包、风险抵押承包刚刚激发出来的管理积极性被盲目生产冲淡了。因为市场超前消费、盲目消费使得企业的流动资金大量占压在投入品上，使得居民的银行存款大量提前使用。抢购风过去之后，随之而来的必然是严重的市场供大于求。当大多数企业还没有从抢购风的喜悦中清醒过来之时，国家的宏观调控使市场迅速降温，1989、1990年GDP增长率分别只有4.2%和3.8%。抢购风造成的超前消费和宏观调控大幅度压缩总需求，带来以后连续3年的市场疲软。从来就没有经历过市场风险的国有企业，一下子陷入了市场约束的困境之中，企业销售普遍下降、效益下滑，企业之间的相互拖欠严重，承包所带来的体制效应也因此抵消了。

为扭转国有企业的被动局面，中央政府直接对 234 户国有大中型骨干企业采取“双保”政策，[16]在能源、原材料、运输、信贷资金等方面实行重点倾斜。为保证对重点企业的能源、原材料供应，对煤炭实行“四统一”，即统一分配、统一订货、统一运输、统一调度。国务院专门成立清理“三角债”领导小组，在全国范围大规模清理企业间的相互拖欠。这段时期的国有企业改革，虽然承包经营责任制还在坚持并强调要不断完善，有关部门又提出转换企业经营机制，开展“质量、品种、效益年”活动等，但是再没有出现承包经营责任制当初全面推行时的热烈场面。一直到 1992 年年初以前，国有企业改革基本处于停滞状态。

国有企业改革从改变宏观经济困难局面起步，如果说 20 世纪 70 年代末在改革起步时还只是注意到国家怎样管理企业的话，进入 80 年代以后，改革的重点已经转到国家和企业之间的利益分配上来。为了增强企业活力，国家势必要给企业放权让利、承包经营。但是，为了保证财政收入，国家又必须加强对企业的控制和管理，增加对企业的征收。放权让利使企业的经济效益明显提高。但是，为了改变国家财政紧张状态而采取的放权让利改革一开始就不可能达到目的，相反只会加重政府的财政压力。因为在国家新的财政收入基础尚未形成之时，单纯的放权让利只能意味着国家财政收入的减少而不是增加。国家通过放权让利和承包经营，放松了对企业的直接控制，但国家对企业的指导、调节和监督却没有相应跟上，致使企业的利润分配和投资项目与国家宏观计划产生矛盾。这正是国有企业改革之初面临的两难困境。

承包经营责任制之所以出现边际效益递减并迅速由盛及衰的原因，除了通常所分析的体制因素之外，与当年宏观经济环境大起大落有直接关系。由于宏观经济形势大起大落，宏观经济环境与签订承包协议时的情况发生了很大变化，承包协议已经无法继续执行下去。一部分企业的发展因此受阻，还有一部分企业为了完成承包指标兑现奖励而弄虚作假。承包经营责任制本身具有无法克服的缺陷，但推行承包经营责任制时的宏观经济形势急剧变化，客观上也加快了承包经营责任制消亡的进程。

## 三、第三个经济周期（1991—1999 年）

从 1988 年四季度开始“治理整顿”以后，中国经济的热度一下冷却了下来。国内生产总值增长速度，从 1988 年的 11.2%，骤然降到 1989 年的 4.2%、1990 年的 3.9%，直到 1991 年年底，尽管已经采取了各种能够采用的扩张性宏观经济政策，经济运行也仍然没有完全走出总需求不足的阴霾。

忽如一夜春风吹。伴随着“不争论，大胆地试，大胆地闯”和“只干不说”的埋头苦干，国民经济一路行色匆匆，竟然留下了一条连续 23 个月呈两位数跳跃上扬的曲线，地方工业增加值增长率最高的江苏省竟高达 42.6%，1992 年全国国内生产总值增长率达到了最高点 14.2%。

伴随经济的高速增长，人民生活水平也明显提高了。排除物价因素，城市居民生活费收入和农村居民收入分别增长12%和5%。最具说服力的则是当年作为“第二流通手段”的各种票证在这一年发生了重大“价值”变化。当初比人民币还珍贵得多的粮票一夜之间全部取消了；实行了30多年的布票也“作废”了；肉票、棉花票、鸡蛋票、白糖票、芝麻酱票、豆腐票等各种票证都成了“废纸”一张。更令有的经济学家“做梦也没有想到的事”是价格改革竟然顺利闯关了。从1992年5月开始，全国90%以上的县（市）放开了粮油销售价格。以后又陆续放开了钢材、统配煤的出厂价，对部分原油价格也进行了调整。紧接着，水泥、玻璃、木材、化工原料等重要生产资料的价格也都放开了。过去由国家控制的722种商品，只留下了不到30种。改革开放以来一直令经济学家们战战兢兢的价格改革这一决定经济体制改革成败兴衰的关键环节，想不到在人们不知不觉中就这样平静地过“关”了。而更为关键的是，从1993年7月1日起，开始实施的《企业财务通则》和《企业会计准则》为国有企业进行制度创新铺平了道路。12月底，第八届全国人大常委会第五次会议通过了《中华人民共和国公司法》，为国有企业建立现代企业制度，由传统的工厂制企业改造为公司制企业提供了法律依据。

但是，也是在1992年，伴随经济的高速增长同时也迎来了宏观经济的新一轮过热。信贷规模迅速扩大了，1992年年末达到21.2%；广义货币（M2）增长31.3%，狭义货币（M1）增长35.7%，流通中的现金（M0）增长36.5%；全社会在建项目总规模增长49%，财政平衡困难，赤字增加，物价指数也急剧上升。为此，1993—1997年，中央政府实施了旨在实现经济“软着陆”的第四次宏观调控。

为了给经济“软着陆”创造制度条件，1994年，中央政府不失时机地果断实施了财税、金融、外汇外贸、计划、投资、价格和流通体制等宏观经济体制改革。一是按照建立社会主义市场经济的新财税体制的要求，改革了税制，实行了分级分税财政体制。二是增强了中央银行对信贷货币的宏观调控能力，初步实现了政策性金融与商业性金融的分离，国家专业银行向国有商业银行的转变迈出了重要一步。三是顺利实现了汇率并轨。四是进一步转变了计划管理职能。五是对投资管理体制进行了重大改革。六是进一步推进了价格改革和流通体制改革。一揽子宏观经济体制改革着眼于理顺基本经济关系和建立新的宏观经济管理体系，不仅促进了当时的经济发展，而且使宏观经济管理当局有可能运用财政政策和货币政策等总量手段来调节宏观经济，虽然宏观经济政策工具还不完备，使用的条件也不很完善，但在行政手段之外毕竟又多了一只“看得见的手”，为宏观经济的成功“软着陆”奠定了基础。

中央政府通过实行适度从紧的财政政策和货币政策，把抑制通货膨胀作为宏观调控的首要任务。经过4年的努力，既做到了物价上涨率平稳回落，又保持了国民经济适度快速增长，国内生产总值的年增长率由1992年的14.2%回落为1993年的

13.5%，1994年的11.8%，1995年的10.2%，1996年的9.7%；而商品零售价格指数则由1994年的21.7%下降到1995年的14.8%，1996年的6.1%。标志着以抑制通货膨胀为主要任务的宏观调控基本实现了预期目标，首次成功实现了经济“软着陆”。

中央政府为实现“软着陆”的宏观经济调控政策是逐渐收紧的，伴随宏观经济紧缩政策的实施，国有企业的困境也是逐渐加剧的。中共十四大以来，我国加快了社会主义市场经济体制的建设步伐，然而脱胎于计划经济体制的国有企业却明显不适应。这一矛盾随着改革的深化和市场竞争格局的形成越来越突出。随着非国有经济发展迅速和扩大开放而来的大量国外产品进入中国市场，对国有企业构成直接冲击，面临的竞争环境越来越剧烈。1996年，3.3万户国有工业企业盈利额比上年下降14.52%，已经连续几年呈两位数下降。亏损企业1.26万户，比上年增长15.18%。全年工业企业产品销售收入增长10.8%，但产品销售成本增长11.4%，企业财务费用增长13.2%。在1996年全部工业增加值增长的13.1%中，国有经济仅仅只占3.6个百分点。1996、1997年，国有独立核算工业企业盈亏相抵后的利润总额还不如改革开放之初的1978年。[①] 因为压缩固定资产投资，加剧了东北、西南和西部地区许多大中型国有企业转型面临的困难，有相当大一部分企业处于停产、半停产状态，即使能够支付工人工资，也无力全额支付。在相对较紧的信贷

① 陈清泰．重塑企业制度——30年企业制度变迁[M]．北京：中国发展出版社，2008年11月，第216页。

政策、过大的固定资产投资规模以及国内市场紧缩的重压之下，许多企业陷于相互拖欠款日益增加的困境。据估计，1994 年企业间拖欠款金额翻了一番，达 6 300 亿元或更多（占国内生产总值 14%）。① 特别是在煤炭、军工、森工、纺织等行业，1995 年停产、半停产企业职工已达到 750 万人。停产、半停产企业的在职职工和退休职工的工资和基本生活费发放没有保障，职工福利开支受到很大影响，职工的物价补贴也无法兑现。②

经过 10 多年的国有企业改革实践，人们开始认识到，国有企业改革的出路，不是在维持原有企业制度不变的基础上做调整完善，而是必须进行制度创新，建立现代企业制度。1992 年，中共十四大提出了社会主义市场经济体制的改革目标。1993 年 11 月，中共十四届三中全会正式提出，国有企业改革要建立与社会主义市场经济要求相适应的现代企业制度。

1993 年年底，刚刚组建不到一年的国家经贸委对 1994 年的国有企业改革提出了“万千百十”的宏伟规划。一是要在全国选择 1 万户国有大中型企业，不折不扣地贯彻《国有企业转换经营机制条例》，落实企业 14 项经营自主权和经营责任，完成清产核资工作。二是选择 1 千户关系国计民生的重点骨干企业，分期分批地派出“监事会”，通过对国有资产进行督管和建立企业资产经营责任制，探索社会主义市场经济体制下国有资产管

---

① 华而诚．中国经济的软着陆：1992—1997［M］．北京：中国财政经济出版社，1997 年 8 月，第 127 页。

② 华而诚．中国经济的软着陆：1992—1997［M］．北京：中国财政经济出版社，1997 年 8 月，第 103 页。

理的合理形式和途径。三是选择 100 户不同类型的国有大中型企业和 3 户国家控股公司，进行建立现代企业制度试点和国家控股公司试点。[①] 四是选择上海、天津等 18 个城市，进行“增资减绩、分离分流、减员增效、破产兼并”的“优化资本结构”试点。[②] 但是直到 1994 年年底，百户现代企业制度试点名单才确定下来，到 1996 年 7 月，百户试点企业中的 94 户企业的试点方案得到批复，进入实质性操作阶段。因而原定两年时间完成的现代企业制度试点不得不推迟到三年完成。

贯彻《转机条例》，经过 1992 年的大张旗鼓之后，1993 年就已经降温了，1994 年则成了强弩之末。这一方面是由于改革进行到现在，国有企业的问题已经远远不是缺乏经营自主权的问题了，也不可能指望靠落实企业经营自主权就能收到改革初期那样的显而易见的效果。另一方面，自从提出建立现代企业制度的改革目标以后，人们的视线很快也就转移了，当初人们倾注到转换企业经营机制上的巨大热情很快就被建立现代企业制度所取代。

向企业派驻监事会的工作提出来以后，不知什么原因，在 1994 年并没有取得实质性进展。计划中的 40 户企业有多少派驻了监事会，效果如何？以后再也没有交代。取而代之的，是

---

① 在国家选择现代企业制度百户试点的同时，各省（市、区）政府直接试点的企业也有 2 500 户。

② 第一批优化资本结构试点的 18 个城市：上海、天津、太原、沈阳、长春、武汉、成都、青岛、齐齐哈尔、唐山、常州、蚌埠、淄博、株洲、柳州、宝鸡、哈尔滨和重庆。

由国家重点联系 1 000 户企业，第一批先抓好 300 户优势企业，一是进行公司化改组；① 二是建立资本金注入机制；三是由银行监控企业资金的运作；四是优先选择技术改造和技术开发项目，在符合条件的企业建立技术中心。到 1997 年以后，向企业派驻监事会的工作就再也没有单独提出过了。

正如以后人们看到的那样，“万千百十”计划并未收到预期效果。在这一时期，除了建立现代企业制度试点之外，国有企业改革还进行了股份制试点，企业劳动、人事、分配三项制度改革，贯彻企业财务“两则”等。[17]但是再也没有出现过 20 世纪 80 年代热火朝天的局面，也没有取得令人振奋的改革效果，相反是国有企业的经营环境越来越恶化，处境越来越艰难。1997 年，全国 16 874 户国有大中型工业企业有 6 599 户亏损，亏损面 39.1%，亏损额 665.9 亿元。这些企业的平均资产负债率 79.9%，涉及职工 1 008.9 万人，占全部国有大中型工业企业总人数的 31.8%。从地区看，全国 31 个省（市、区）的国有大中型工业企业中，有 12 个省净亏损。从行业看，14 个重点监测的行业中，纺织、有色、煤炭（虚盈实亏）、军工、建材 5 个行业全行业亏损。到了 1998 年，整个国有及国有控股工业企业亏损面继续扩大、亏损额继续增加，盈亏相抵后只盈利 213.7 亿元，比 1997 年又减少了 642.8 亿元，下降了 34%，成为历史上

① 后来的改革实践证实，建立现代企业制度的主要工作就是企业制度的公司化改造。

国有企业亏损最严重的年份。[1] 最终迫使中央政府采取国有企业三年脱困的重大决策。

在建立社会主义市场经济体制的改革目标已经确定的前提下，经过系统总结和反思近20年来的经验教训，人们在国企改革思路上又有了新的突破，单纯的企业制度创新也不能解决国有企业原有体制与市场经济不相适应的问题，同时还需要调整国有经济本身的规模、布局与结构。结合国有企业三年脱困，我国国企改革进入制度创新、结构调整的新阶段。

国有企业三年脱困的过程始终坚持了三条指导思想：一是从单独搞好每一个国有企业向从整体上搞好国有经济转变，“坚持有进有退，有所为有所不为”，从战略上调整国有经济布局；坚持“抓大放小”，抓好大的，放活小的，对国有企业进行战略性改组。二是坚持建立现代企业制度的国有企业改革方向，“使企业成为自主经营、自负盈亏的法人实体和市场主体”。三是把国有企业改革同改组、改造、加强管理结合起来，实行综合治理，提高企业整体素质。[2]

2001年3月5日，朱镕基在九届人大四次会议上正式宣布：国企改革脱困三年目标如期基本实现。三年改革脱困包括其后的两年时间（1998—2003年），通过债转股、技改贴息、政策性关闭破产等一系列政策措施，减轻企业负担，推动企业技术进

---

① 陈清泰．重塑企业制度——30年企业制度变迁[M]．北京：中国发展出版社，2008年11月，第53~54页。

② 中共中央关于国有企业改革和发展若干重大问题的决定[M]．北京：人民出版社，1999年9月，第7~14页。

步和产业升级，国有企业改革在三个方面实现了重大突破：一是通过国有中小企业改革，上百万家国有、集体中小企业改制退出了公有制序列，涉及职工 4 000 多万人，国有经济的战线由此大大收缩，布局结构得到优化。上海纺织工业原先有职工 55 万人，改革以后只剩一万多人。上海轻工原先有 40 万人，改革以后剩下的也是一万多人。意味着上海的纺织行业、上海的轻工行业 95%以上的职工都下岗了。[①] 二是通过国有大中型困难企业的政策性关闭破产，5 000 多户扭亏无望的困难企业退出了市场，安置职工近千万人，由此化解了大量转轨时期的结构性矛盾，市场经济优胜劣汰的机制开始发挥作用。三是在社会保障制度尚不健全的情况下，通过再就业中心和基本保障线政策，托管、安置了近 3 000 万名下岗职工，建立了国有企业职工可以流动的机制，为改革攻坚阶段的社会稳定提供了有力保障。这一时期的中国国有企业改革是推动力度最大同时也是最艰难、社会风险最大的阶段。这一阶段改革的成功，为下一步国有企业改革的深化打下了重要的基础。[②]

## 四、第四个经济周期（上）（2000—2007 年）

进入 21 世纪以后，我国的宏观经济环境发生了两个本质性的变化。第一个是从 21 世纪初开始，我国彻底告别了

---

① 邵宁．国有企业与国有资产管理体制改革[J]．中国发展观察，2010 年，第 1 期。

② 邵宁．国有企业改革实录（1998—2008）[M]．北京：经济科学出版社，2014 年 4 月，第 2~3 页。

短缺，市场从供不应求转为供过于求，出现了普遍的产业过剩。1998 年以前，中国经济面临的主要压力是需求过旺、供给不足，经常出现投资和消费“双膨胀”。总需求膨胀必然带来通货膨胀，成为周期性的现象。1998 年以后，情况反过来了，中国经济出现了需求不足的态势，并从 1998 年年初开始进入了长达两年多的通货紧缩、物价指数下降的过程。

针对这种情况，中央政府自 1998 年年初开始从需求和供给两方面采取了有力的措施刺激经济增长。

在需求方面，采取扩张性的财政政策和货币政策。宏观经济部门实行以国债投资为主的“积极的财政政策”，1998—2001 年的 4 年间共发行长期建设国债约 5 100 亿元，四大国有商业银行对国债投资项目的“配套资金”与财政拨款总额也大致相等。中央银行七次降低存贷款利率，增加了货币供应。

在供给方面，采取了一系列政策措施来提高供给活力。其中，特别重要的是对国有经济布局进行“有进有退”的战略性调整，将数十万家国有中小企业改制成为产权明确、市场导向的民营企业，并采取一系列措施来改善民营企业的创业环境和经营环境，支持中小企业的发展。

由于有了较好的制度基础，及时采取了正确的宏观经济政策，这一次经济衰退没有造成大的经济损失，并在 2000 年恢复了增长加速的态势。

更重要的方面还在于，中央政府坚定果断地抓住全球化加快发展的历史机遇，毫不犹豫地加入全球化行列中，成功推行了将近 10 年的出口导向政策。中国经济从 2001 年加入世贸组织以来，出口猛增带动了经济发展。中国出口金额从 2001 年的 2 661 亿美元，猛增到 2007 年的 12 200. 6 亿美元，6 年时间增长了 4. 585 倍。通过新产品的引进、对外贸易的扩大和利用外资的拓展，使我国经济发展享受到全球分工的巨大利益。出口在 21 世纪的头十年成为中国经济增长的绝对主力发动机。(见表综 · 4)

**表综 · 4 1997—2017 年我国投资消费进出口与国内生产总值（万元）**

| 年份 | 全社会固定资产投资 | 社会消费品零售总额 | 货物进出量总额 | 国内生产总值 |
|---|---|---|---|---|
| 1997 | 24 941. 10 | 31 252. 90 | 26 967. 24 | 79 715. 00 |
| 1998 | 28 406. 20 | 33 378. 10 | 26 849. 68 | 85 195. 50 |
| 1999 | 29 854. 70 | 35 647. 90 | 29 896. 23 | 90 564. 40 |
| 2000 | 32 917. 70 | 39 105. 70 | 39 273. 25 | 100 280. 10 |
| 2001 | 37 213. 49 | 43 055. 40 | 42 183. 62 | 110 863. 10 |
| 2002 | 43 499. 91 | 48 135. 90 | 51 378. 15 | 121 717. 40 |
| 2003 | 55 566. 61 | 52 516. 30 | 70 483. 45 | 137 422. 00 |
| 2004 | 70 477. 43 | 59 501. 00 | 95 539. 09 | 161 840. 20 |
| 2005 | 88 773. 61 | 68 352. 60 | 116 921. 77 | 187 318. 90 |
| 2006 | 109 998. 16 | 79 145. 20 | 140 974. 74 | 219 438. 50 |
| 2007 | 137 323. 94 | 93 571. 60 | 166 924. 07 | 270 232. 30 |
| 2008 | 172 828. 40 | 114 830. 10 | 179 921. 47 | 319 515. 50 |

**续表**

| 年份 | 全社会固定资产投资 | 社会消费品零售总额 | 货物进出量总额 | 国内生产总值 |
|---|---|---|---|---|
| 2009 | 224 598. 77 | 133 048. 20 | 150 648. 06 | 349 081. 40 |
| 2010 | 251 683. 77 | 158 008. 00 | 201 722. 34 | 413 030. 30 |
| 2011 | 311 485. 13 | 187 205. 80 | 236 401. 95 | 489 300. 60 |
| 2012 | 374 694. 74 | 214 432. 70 | 244 160. 21 | 540 367. 40 |
| 2013 | 446 294. 09 | 242 842. 80 | 258 168. 89 | 595 244. 40 |
| 2014 | 512 020. 65 | 271 896. 10 | 264 241. 77 | 643 974. 00 |
| 2015 | 561 999. 83 | 300 930. 80 | 245 502. 93 | 689 052. 10 |
| 2016 | 606 465. 66 | 332 316. 30 | 243 386. 46 | 744 127. 00 |
| 2017 | 641 238. 00 | 366 262. 00 | 277 923. 00 | 827 122. 00 |

资料来源：根据历年《中国统计年鉴》相关数据整理。

从宏观经济来看，成功实施出口导向政策的直接后果，是中国的国际收支出现了经常账户和资本账户的“双顺差”不断增加。巨额的外汇由企业和居民卖给商业银行，后者又把绝大部分外汇卖给中央银行，转为国家外汇储备。2001 年国家外汇储备增加了 28%，此后一直保持在 30%以上，2004 年国家外汇储备年增长幅度达到创纪录的 51%。央行大手购汇，把基础货币源源不断地“泵”入商业银行系统，从而造成了货币超发。并由此导致了进入 21 世纪以来我国宏观经济环境发生的第二个本质性变化：因产业过剩而导致的资本过剩。

产业过剩使得银行家不再向过剩的产业投资了，但政府却又在不断地制造货币，货币总量不断地增加却又不能再将货币直接投向过剩的产业领域，于是金融资本选择了跟地产资本结合，互相依赖，加之地方政府“土地财政”的推波助澜，[①] 持续不断地推高房地产价格。房地产业投资持续膨胀的结果，进一步拉动钢铁、煤炭、水泥、平板玻璃、电解铝等原材料工业的轮番投资，再一次引发经济过热。从 2003 年开始，中国经济增长一直保持在 10%以上，2007 年达到了 14.2%。

不过，自从国有企业三年改革脱困基本结束以后，宏观经济环境对国有企业改革形势的影响显著下降了。一是因为进入 21 世纪以后，在国民经济的所有制结构中，国有经济、私有经济、外资经济三足鼎立的局面已经形成，国家财政对国有经济的依赖程度大大减小了，当然这一期间国有经济的业绩表现也确实不俗。二是宏观经济一直持续在高位运行，当初捉襟见肘的窘境很少再出现了。三是宏观经济的体量大了，回旋余地相应增大了，经济抗风险能力也大大增强了。因此，进入 21 世纪以后的前 10 年，中央政府着力最多的是宏观调控和“转方式、调结构”，相应地在国有企业改革等方面则着力较少。加之 2006 年以后，质疑和否定改革开放的思潮在国有企业改革的领域内也开始发酵，国有经济布局调整的步子开始放慢，国有企业改革也停步不前。主要表现在：一是大部分一级公司（集团公司及其

---

① 通过土地出让，各级政府的土地收益愈来愈成为预算外收入的主要来源。2005 年各级政府共出让土地 244.8 万亩，土地出让总收入 5 500 亿元，纯收益 2 100亿元，相当于地方一般预算收入的 15%。到 2010 年，各级政府土地出让总收入高达 2.9 万亿元，纯收益超过 1 万亿元，相当于地方—般预算收入的 25%。参见吴敬琏、马国川《重启改革议程：中国经济改革二十讲》，北京：生活·读书·新知三联书店，2013 年 1 月，第 235 页。

直属的“存续企业”）没有实现公司化改制，而二级公司（上市公司）作为“国家授权投资机构”的“下属企业”，很难成为具有完全独立性的法人实体；旧体制下的“存续企业”作为控股股东控制上市公司，不利于将后者进一步改造成为真正具有市场竞争力的企业。二是大部分改制上市的公司在治理上存在或多或少的缺陷，没有形成所有者和经营者之间的制衡关系，有的公司治理形同虚设，甚至蜕化为经理人员的“内部人控制”。①

国企改革脱困三年目标实现以后，国有经济的布局结构发生了根本性变化。中小企业层面基本没有国有企业了，国有经济主要布局在大企业层面，所以 2003 年以后，国有企业改革是以国有大企业为主要内容的改革，完善外部管理系统、转换企业内部机制、解决特定问题，国有企业的经济效益有了非常明显的改善。1998 年全国国有企业实现的利润只有 520 亿元，2007 年仅中央企业实现利润就接近 1 万亿元。2007 年，中央企业资产总额达到 14. 8 万亿元，同比增长 20. 5%；实现销售收入 9. 84 万亿元，同比增长 19. 3%；实现利润 9 968. 5 亿元，同比增长 30. 3%；上缴税金 8 303. 2 亿元，同比增长 23. 8%。中央企业主营业务收入超过千亿元的有 26 家，利润超过百亿元的有 19 家，进入世界 500 强的有 16 家，分别比 2002 年增加 20 家、13 家和 10 家。2002—2007 年，中央企业资产总额年均增加 1. 5 万亿元，

① 吴敬琏，马国川．重启改革议程：中国经济改革二十讲[M]．北京：生活·读书·新知三联书店，2013 年 1 月，第 237~238 页。

销售收入年均增加 1.3 万亿元，实现利润年均增加 1 500 亿元，上缴税金年均增加 1 000 亿元。国有经济的快速发展和显著变化，得到国内外的广泛关注和普遍认可。① 通过国有中小企业的改革，国有经济布局集中到大企业层面了；通过政策性关闭破产，国有大企业中资不抵债、扭亏无望的劣势企业淘汰掉了，剩下都是好企业。对这些好企业，通过国有资产管理体制改革优化了它的外部管理体系，同时不同程度地解决了其内部机制问题和历史遗留的特定问题，促使这些好企业向好的方向发展，所以经济效益的改善是必然的结果。

## 五、第四个经济周期（下）（2007—2017 年）

2008 年 2—4 月，CPI 上升率连续 3 个月超过 8%，中央政府开始实施宏观紧缩政策，把防止经济增长由偏快转为过热、防止价格由结构性上涨演变为明显通货膨胀作为当前宏观调控的首要任务，按照“控总量、稳物价、调结构、促平衡”的基调做好宏观调控工作。

正当中国经济处于景气循环的高位时，美国次贷危机引爆了全球金融危机。这一危机沿着两条路径对中国经济形成冲击：一是引发了某些“高杠杆率”（或称“高负债率”）的企业资金链断裂，导致金融体系中某种连锁反应，以及资产市场上的价格跌落和“泡沫”破裂。二是西方各国经济不景气，导致中

---

① 李荣融. 宏大的工程 宝贵的经验——记国有企业改革发展 30 年[J]. 求是，2008 年 9 月，第 16 期。

国出口企业的订单锐减，市场需求萎缩。GDP 增长速度开始出现下降趋势。2008 年上半年，中国工业生产和 GDP 依然保持很高的增长势头，下半年就开始掉头下行。工业增加值的增长速度 9 月下降到 11.4%，10 月下降至 8.2%，11 月更下降至 5.4%。这时，中央政府不再将防止通货膨胀作为宏观调控的首要目标，而是执行“扩内需、保增长”的方针，国务院出台了投资 4 万亿元的宏大计划，2009 年商业银行贷款增加近 10 万亿元，比上年同期增长 32.8%。总需求的大幅度增加，保证了 GDP 增长率的迅速回升。

2009 年中国经济的增长率达到 9.4%，但增长实现主要是靠海量的货币注入拉动的。全年广义货币（M2）的流通量增长 27.7%，2010 年再增长 19.46%。中国广义货币（M2）的流通量对 GDP 的比率已经达到 180%的超高水平。（见表综 · 5）

高强度的刺激政策在稳定了经济增长的同时，也对宏观经济造成了消极影响：一方面，资源和环境超支的恶果进一步显现；另一方面，货币超发、资产负债表的“再杠杆化”导致金融系统风险和通货膨胀压力加大。由此产生了宏观经济政策选择上的两难困境：如果紧缩政策没有足够的强度，资产泡沫问题和通货膨胀问题就变得越来越严重，不管泡沫破裂还是通胀恶化，都会对经济和社会稳定造成伤害；如果紧缩过量，又容易出现“硬着陆”的问题，如“半拉子工程”大量出现，“地方融资平台”还款困难、银行不良资产增加，等等。

**表综·5 1978—2017 年我国货币流通量与国内生产总值对比表**

| 年份 | M0（流通中货币） | | M1（狭义货币） | | M2（广义货币） | | GDP（国内生产总值） | |
|---|---|---|---|---|---|---|---|---|
| | 数量 | 同比 | 数量 | 同比 | 数量 | 同比 | 数量 | 同比 |
| 1978 | 212.03 | — | 859.45 | — | — | — | 3,678.70 | 11.70% |
| 1979 | 267.71 | 26.26% | 1 069.36 | 24.42% | — | — | 4 100.50 | 7.60% |
| 1980 | 346.2 | 29.32% | 1 315.74 | 23.04% | — | — | 4 587.60 | 7.80% |
| 1981 | 396.34 | 14.48% | 1 636.56 | 24.38% | — | — | 4 935.80 | 5.10% |
| 1982 | 439.12 | 10.79% | 1 885.11 | 15.19% | — | — | 5 373.40 | 9.00% |
| 1983 | 529.78 | 20.65% | 2 165.04 | 14.85% | — | — | 6 020.90 | 10.80% |
| 1984 | 792.11 | 49.52% | 2 845.24 | 31.42% | — | — | 7 278.50 | 15.20% |
| 1985 | 987.83 | 24.71% | 3 011.39 | 5.84% | — | — | 9 098.90 | 13.40% |
| 1986 | 1 218.36 | 23.34% | 3 856.03 | 28.05% | — | — | 10 376.20 | 8.90% |
| 1987 | 1 454.59 | 19.39% | 4 481.67 | 16.22% | — | — | 12 174.60 | 11.70% |
| 1988 | 2 134.03 | 46.71% | 5 490.17 | 22.50% | — | — | 15 180.40 | 11.20% |
| 1989 | 2 344.02 | 9.84% | 5 830.51 | 6.20% | — | — | 17 179.70 | 4.20% |
| 1990 | 2 644.40 | 12.81% | 6 950.70 | 19.21% | — | — | 18 872.90 | 3.90% |
| 1991 | 3 177.80 | 20.20% | 8 633.30 | 24.20% | 19 300.00 | 26.52% | 22 005.60 | 9.30% |

续表

| 年份 | M0(流通中货币) | | M1(狭义货币) | | M2(广义货币) | | GDP(国内生产总值) | |
|---|---|---|---|---|---|---|---|---|
| | 数量 | 同比 | 数量 | 同比 | 数量 | 同比 | 数量 | 同比 |
| 1992 | 4 336.00 | 36.40% | 11 731.50 | 35.90% | 25 400.00 | 31.27% | 27 194.50 | 14.20% |
| 1993 | 5 864.70 | 35.26% | 16 280.40 | 38.78% | 34 900.00 | 37.31% | 35 673.20 | 13.90% |
| 1994 | 7 288.60 | 24.30% | 20 540.70 | 26.20% | 46 900.00 | 34.52% | 48 637.50 | 13.00% |
| 1995 | 7 885.30 | 8.20% | 23 987.10 | 16.80% | 60 750.50 | 29.50% | 61 339.90 | 11.00% |
| 1996 | 8 802.00 | 11.60% | 28 514.80 | 18.90% | 76 094.90 | 25.30% | 71 813.60 | 9.90% |
| 1997 | 10 177.60 | 15.60% | 34 826.30 | 22.10% | 90 995.30 | 19.60% | 79 715.00 | 9.20% |
| 1998 | 11 204.20 | 10.10% | 38 953.70 | 11.90% | 104 498.50 | 14.80% | 85 195.50 | 7.80% |
| 1999 | 13 455.50 | 20.10% | 45 837.30 | 17.70% | 119 897.90 | 14.70% | 90 564.40 | 7.70% |
| 2000 | 14 652.65 | 8.90% | 53 147.15 | 16.00% | 134 610.26 | 12.30% | 100 280.10 | 8.50% |
| 2001 | 15 688.80 | 7.07% | 59 871.59 | 12.65% | 158 301.92 | 17.60% | 110 863.10 | 8.30% |
| 2002 | 17 278.03 | 10.13% | 70 881.79 | 16.82% | 185 006.97 | 16.80% | 121 717.40 | 9.10% |
| 2003 | 19 745.99 | 14.28% | 84 118.57 | 18.67% | 221 222.82 | 19.58% | 137 422.00 | 10.00% |
| 2004 | 21 468.30 | 8.72% | 95 970.82 | 13.58% | 253 207.70 | 14.67% | 161 840.20 | 10.10% |
| 2005 | 24 031.67 | 11.94% | 107 278.76 | 11.78% | 298 755.67 | 17.57% | 187 318.90 | 11.40% |

续表

| 年份 | M0(流通中货币) | | M1(狭义货币) | | M2(广义货币) | | GDP(国内生产总值) | |
|---|---|---|---|---|---|---|---|---|
| | 数量 | 同比 | 数量 | 同比 | 数量 | 同比 | 数量 | 同比 |
| 2006 | 27 072. 62 | 12. 65% | 126 035. 13 | 17. 48% | 345 603. 59 | 16. 94% | 219 438. 50 | 12. 70% |
| 2007 | 30 375. 23 | 12. 20% | 152 560. 08 | 21. 00% | 403 442. 21 | 16. 70% | 270 232. 30 | 14. 20% |
| 2008 | 34 218. 96 | 12. 65% | 166 217. 13 | 9. 06% | 475 166. 60 | 17. 82% | 319 515. 50 | 9. 70% |
| 2009 | 38 245. 97 | 11. 77% | 220 001. 51 | 32. 35% | 606 225. 01 | 27. 68% | 349 081. 40 | 9. 40% |
| 2010 | 44 628. 17 | 16. 69% | 266 621. 30 | 21. 19% | 725 774. 10 | 19. 72% | 413 030. 30 | 10. 60% |
| 2011 | 50 748. 46 | 13. 80% | 289 847. 70 | 7. 90% | 851 590. 90 | 13. 60% | 489 300. 60 | 9. 50% |
| 2012 | 55 000. 00 | 7. 70% | 309 000. 00 | 6. 50% | 974 100. 00 | 13. 80% | 540 367. 40 | 7. 90% |
| 2013 | 59 000. 00 | 7. 10% | 337 000. 00 | 9. 30% | 1 107 000. 00 | 13. 60% | 595 244. 40 | 7. 80% |
| 2014 | 60 000. 00 | 2. 90% | 348 000. 00 | 3. 20% | 1 228 000. 00 | 12. 20% | 643 974. 00 | 7. 30% |
| 2015 | 63 000. 00 | 4. 90% | 401 000. 00 | 15. 20% | 1 392 000. 00 | 13. 30% | 689 052. 10 | 6. 90% |
| 2016 | 68 000. 00 | 8. 10% | 487 000. 00 | 21. 40% | 1 550 000. 00 | 11. 30% | 744 127. 00 | 6. 70% |
| 2017 | 70 600. 00 | 3. 40% | 543 800. 00 | 11. 80% | 1 676 800. 00 | 8. 20% | 827 122. 00 | 6. 90% |

资料来源：根据历年《中国统计年鉴》相关数据整理。

2001—2007年，中国出口增长了4.585倍，这一时期的中国经济增长，出口拉动起到了至关重要的作用；2007—2017年，我国出口仅仅从1.22万亿美元增长到大约2.27万亿美元（15.33万亿人民币），十年增长不到一倍。可以说自2008年全球金融危机之后，出口高增长的时代就已经结束了。

2008年以后，投资接棒成为拉动中国经济增长的绝对主力，尤其是2008—2010年，投资成为拉动我国经济增长的核心力量，超过了消费和净出口。但随着连续多年对“铁、公、基”的高强度投资，投资对经济增长的拉动力也开始乏力。以铁路为例，我国对铁路的投资，2014—2017年，铁路建设都保持在8 000亿元左右的稳定期，其中2014年为8 088亿元、2015年为8 238亿元、2016年为8 015亿元、2017年为8 010亿元。而在2018年，这个数字将变成7 320亿元，首次从8 000亿级别出现下降。随着基础设施日益完善，投资的边际收益也开始逐渐降低。

中国现在已经是世界第一大出口国，全世界有100多个国家的最大贸易伙伴都是中国，中国占世界的出口份额已经到了一定地步，再想大幅增长比较困难了。随着基础设施日益完善，投资也不能作为主要手段来促进经济增长了，消费主导经济发展的时代已经来临，我国经济发展正在逐步具备发达国家特征。在中低端产业领域，过去长期困扰我国的产量不足的问题已经解决了，我国社会的主要矛盾已经转化为人民日益增长的美好生活需要和不平衡不充分的发展之间的矛盾。在中国制造越来越强、出口份额越来越饱和、基础设施越来越好的情况下，通过产量扩张实现经济增长的时代结束了，我国经济已由高速增长阶段转向高质量发展阶段，经济增速下了一个台阶，进入到经济增长率6%~7%的新常态。

为此，2012年以后，中共中央把稳中求进工作总基调作为治国理政的重要原则，把“稳增长、调结构、促改革”（2015年以后又增加了“防风险”和“惠民生”）作为各年经济工作的总基调，把积极的财政政策和稳健的货币政策作为宏观经济调控的常态化，积极推进供给侧结构性改革。在世界经济整体低迷、国际金融危机阴霾未散的大背景下，我国经济的平均增速达到7.2%，在世界主要经济体中位居前列。

2012年以后，针对我国经济发展的新形势新特点新问题，中央政府形成了宏观调控的六大新思路。

一是提出区间调控的新思路。即将宏观调控的目标界定为一个合理区间：当经济运行接近区间下限时，调控的主要着力点是稳增长；当经济运行接近区间上限时，调控的主要着力点是防通胀；当经济运行处于中间状态时，则专注于深化改革和调整经济结构。区间调控意味着，只有当经济偏离合理区间时，才需要实施刺激或紧缩政策。这样就能够在保持经济平稳增长的同时，有效推进制度创新和结构调整。

二是提出采用微刺激政策应对经济下行压力的新思路。宏观调控更加注重预调、微调、适时适度调节。微刺激不仅能有效应对经济下行压力，还能为未来宏观政策预留空间，利于调结构、促改革，增强政策的可持续性。

三是提出更加注重定向调控的新思路。抓住经济发展中的突出矛盾和结构性问题，定向施策、精准发力，从而更加有效地“激活力、补短板、强实体”。

四是提出加强预期引导的新思路。2014 年、2015 年、2016 年的中央经济工作会议都强调要更加注重引导社会预期。政府相关部门通过信息沟通改变市场进行预期时所依据的信息，从而影响市场预期，以更好地实现宏观调控目标。

五是提出宏观调控政策体系以财政政策、货币政策为主的新思路。“十三五”规划要求，“完善以财政政策、货币政策为主，产业政策、区域政策、投资政策、消费政策、价格政策协调配合的政策体系”。强调财政政策和货币政策的主体地位，符合宏观调控对短期经济波动进行逆周期调节的主要定位，更能提高宏观调控的效率。

六是提出供给管理与需求管理相结合的新思路。目的是厘清政府与市场的关系，减少政府的不当干预，让市场在资源配置中起决定性作用，从而有效破解产能过剩难题。2016 年的供给侧结构性改革以“三去一降一补”五大任务为抓手，取得了初步成效。[18]2017 年的供给侧结构性改革在需求管理的配合下，深入推进“三去一降一补”、深入推进农业供给侧结构性改革、经济结构继续优化。①

2012 年以后，国有企业改革重新启航。五年来的国有企业

---

① 刘伟，陈彦斌．十八大以来宏观调控的六大新思路[N]．人民日报，2017 年 3 月 1 日。

改革，注重顶层设计，坚持协调配套，以国企改革“1+N”文件体系为代表，五年来中央各部门出台了100多份政策文件，各地结合实际出台落地文件超过800件，共同构成了国企改革设计图和施工图，确保了国企改革改有方向、改有目标、改有遵循。

五年来的国企改革，坚持奔着问题去，在试点先行中全面推进，在重点突破中亮点纷呈。一是分类改革扎实推进。中央企业功能界定与分类已经完成，29个省（市、区）出台了分类意见或方案。二是公司制股份制改革加快推进。截至2017年年底，中央企业集团层面公司制改制方案已全部批复完毕，国家电网、中国通号、中国铁物等中央企业的公司制改制工作已经全面完成，中央企业各级子企业公司制改制面达到92%，各省级国资委出资企业改制面达到95.8%，19个省（市、区）国资委监管的一级企业全面完成公司制改革。三是混合所有制改革稳妥有序。中央企业二级子企业的混合所有制占比超过50%，超过2/3的中央企业引进了各类社会资本，重点行业领域两批19家混合所有制改革试点扎实推进，中央企业10家子公司员工持股试点全面实施。四是公司法人治理结构逐步完善。85家中央企业建立起了规范董事会，各省级国资委监管企业中九成以上建立了规范董事会，落实董事会职权试点工作进一步深化。五是市场化经营机制加快形成。开展经理层市场化选聘、契约化管理、任期制考核，积极探索职业经理人制度，在经营管理人员能上能下、薪酬能高能低、员工能进能出上取得新的实质性进展。六是国资监管体制加快完善。国务院国资委大幅度优化调整内部机构，取消、下放、授权监管事项43项，调整34项职能，32个省级国资委制定了监管权力和责任清单。进一步聚焦监督重点，加大对国有资产损失问题的调查和追责力度，落实企业集团境外投资经营责任，有效防止国有资产流失。

国有企业坚决贯彻“五大发展理念”的要求，[19]着力推进结构调整、转型升级、提质增效，在供给侧结构性改革中率先发力，发挥了带头带动作用。中央企业国有资本投资、运营公司试点企业达到10家，26个地方国资委改组组建了72家投资运营公司，大力推进战略转型、集团管控、分类授权等工作，积极探索市场化、专业化资本运营模式，推动国有资本向关系国家安全、国民经济命脉的重要行业和关键领域集中。先后完成16对30家中央企业的重组，省级国资委监管企业开展了135项重组整合。全面开展压缩管理层级、减少法人户数工作，中央企业累计减少法人5 744户，减少人工成本267.78亿元，减少管理费用101.5亿元，有力推动企业更加聚焦主业、优化主业、做强主业。坚决退出过剩产能，2016年国有企业共退出钢铁产能4 230万吨，占全国退出产能的80.8%；共退出煤炭产能20 629万吨，占全国退出产能的71.1%；共清理退出“僵尸企业”4 977户，涉及资产4 119.9亿元。①

---

① 党的十八大以来国企改革取得显著成绩．国资委网站，2017年07月27日。

# 注 释

[1]“国有经济”和“国有企业”：1992年以前，我国的全民所有制经济称为“国营经济”，全民所有制企业称为“国营企业”，1992年以后改称为“国有经济”和“国有企业”。为了叙述简明，本书省略了时间概念，除了文件、讲话原文和需要特别表述之处外，一般性文字表述均统称为“国有经济”和“国有企业”。

[2]“三反”：反贪污、反浪费、反官僚主义，是从1951年年底开始的在党内和国家机关、公营企事业、解放军和各人民团体中展开的一场运动，其目的是清除资产阶级对革命队伍的腐蚀和影响。“五反”即反行贿、反偷税漏税、反盗骗国家财产、反偷工减料和反盗窃经济情报，是从1952年1月26日中共中央发出指示以后，2月开始在各级党组织的领导下，以工人、店员为主力向不法资本家进行的一场斗争。

[3]归口管理：在当年的计划经济条件下，由于存在着多种经济成分和对国民经济采取分部门、分级管理的办法，在经济领域里，从事某一经济活动或从事某一产品生产的，既有全民所有制企业，又有集体所有制企业，既有中央直属、直供企业，又有地方企业。为了指导、协调从事同一经济活动或从事某一产品生产的所有企业的工作，国家确定，这些企业的工作统一归由一个部门进行管理。这一部门

通常称为“口”，因此叫作“归口管理”。

［4］“帕累托最优”：又称帕累托最适宜境界，是现代西方微观经济分析所规定的一种理想状态。在这种理想状态下，既定不变的生产资源将达到最优的配置，从而产量达到最高水平，并且这时产品的分配能够使社会成员得到最大限度的满足。

［5］影子价格：又称为最优计划价格，是指当社会经济处于某种最优状态时，能够反映社会劳动的消耗、资源的稀缺程度和市场供求状况的价格。换句话说，影子价格是人为确定的一种比现行市场价格更为合理的价格。它不用于商品交换，而是仅用于预测、计划和项目国民经济效益分析等目的。从定价原则来看，它力图更真实地反映产品的价值、市场供求状况和资源稀缺程度。从定价效果来看，它有助于实现资源的优化配置。

［6］“优化资本结构”的第一批 18 个试点城市：上海、天津、太原、沈阳、长春、武汉、成都、青岛、齐齐哈尔、唐山、常州、蚌埠、淄博、株洲、柳州、宝鸡、哈尔滨、重庆。以后扩大的 32 个试点城市：北京、石家庄、呼和浩特、大连、南京、杭州、宁波、合肥、福州、厦门、南昌、济南、郑州、长沙、广州、深圳、南宁、海口、贵阳、昆明、西安、兰州、西宁、乌鲁木齐、银川、鞍山、抚顺、本溪、洛阳、吉林、包头、大同。

［7］国有企业改革“1+N”文件体系：1 个 22 号文件+34 个配套文件，截至 2017 年 7 月末，配套文件已经出台 22 个。

［8］在 2013 年下半年以前，我国将工业部门按行业生产性质和产品用途分为轻工业和重工业两大部门。

轻工业：是指主要提供生活消费品和制作手工工具的工业。按其所使用的原料不同，又分为两大类：一是以农产品为原料的轻工业，是指直接或间接以农产品为基本原料的轻工业。主要包括食品制造、饮料制造、烟草加工、纺织、缝纫、皮革和毛皮制作、造纸以及印刷等工业。二是以非农产品为原料的轻工业，是指以工业品为原料的轻工业。主要包括文教体育用品、化学药品制造、合成纤维制造、日用化学制品、日用玻璃制品、日用金属制品、手工工具制造、医疗器械制造、文化和办公用机械制造等工业。

重工业：是指为国民经济各部门提供物质技术基础的主要生产资料的工业。按其生产性质和产品用途，分为下列三类：一是采掘（伐）工业，是指对自然资源的开采，包括石油开采、煤炭开采、金属矿开采、非金属矿开采和木材采伐等工业。二是原材料工业，指向国民经济各部门提供基本材料、动力和燃料的工业，包括金属冶炼及加工、炼焦及焦炭、化学、化工原料、水泥、人造板以及电力、石油和煤炭加工等工业。三是加工工业，是指对工业原材料进行再加工制造的工业，包括装备国民经济各部门的机械设备制造工业、金属结构、水泥制品等工业，以及为农业提供的生产资料如化肥、农药等工业。

轻、重工业：按照国民经济行业生产性质和产品用途进行划分的，不能简单地与国民经济行业分类的某个层次相对应。根据上述划分原则，采矿业门类全部属于重工业，而修理业中以重工业产品为修理作业对象的划为重工业，反之划为轻工业。

从 2013 年下半年起，国家统计局在工业数据发布中不再使用“轻工业”“重工业”分类，而以“采矿业、制造业、电力热力燃气及水生产和供应业”分类代替。做这样的改变，是因为轻、重工业分类作为一个概念性的行业划分，难以对工业行业进行科学清晰的界定，也无法与国际统一标准接轨。

[9]“三人团”：是指由企业厂长、党支部书记和工会委员长组成的三人领导小组。

[10]公司法定代表人：1993 年的《公司法》规定，“董事长为公司的法定代表人”。2005 年修订的《公司法》对此作出调整，明确公司法定代表人依照公司章程的规定，由董事长或者总经理担任。但由于董事长担任法定代表人的规定已经实行了 10 多年，基本已经约定俗成，因此在此后很长时间内国有公司的法定代表人基本上依然由董事长担任。

[11]关于公司治理结构的设计：关于公司治理结构的设计，各国有所不同。一般来讲，英美法系国家是“股权主导型”模式，大陆法系国家是“债权主导型”模式。英美法系国家的公司治理结构是一元制，大多数公司只设立由股东会选出的董事会作为执行机关。不设常设的监督机构，董事会负责监督职能。大陆法系国家的公司治理结构又有两种形式：一种是德国式的二级制。最高决策机构不是董事会而是监事会。监事会负责组建董事会，公司经营活动的重大问题，均需取得监事会的同意，否则董事会不能作出最终决定。在一些较小的企业则不设董事会，由监事会统一行使两会的职能。另一种是以法国、日本为代表的二元制。由股东大会选出董事会和监事会两个并列的常设机关，分别行使各自的职权。股东会是权力机构，董事会是执行机构，监事会是监督机构。

[12]中央管理国有企业和地方管理国有企业：目前，我国的国有企业分为中央管理和地方管理两类。中央管理的国有企业简称为“中央企业”。一把手由中组部、国务院国资委或其他部委任命的，属于中央企业；由地方党委、国资委任命的，属于地方国有企业。

一般情况下，中央企业具有以下三个主要特征：①财务，资产财务关系在财政部单列。②人事，人事关系在人社部单列，人社部赋予其在人才录用、调干等方面的独立权限，特别是在调干和人才引进上，中央企业具有部委一般的独立权限。③经营上在国家计划中单列（国务院可以直接向其行文）。根据产权属性和管控主体，可以将中央企业大体分为三类：一是实业类中央企业；二是金融类中央企业；三是其他部门管理的中央企业。第一类中央企业由国务院国资委代表国务院履行出资人职责；第二类中央企业由财政部（或委托汇金公司）代表国务院履行出资人职责；第三类中央企业由财政部代表国务院履行出资人职责。各省（市、区）的地方国有企业大致也比照这种管理模式进行管理。

实业类中央企业：截至 2017 年年末，由国务院国资委代表国务院履行出资人职责的企业还有 98 户，也就是通常所指的中央企业。这 98 户中央企业又分为 A、B 两类。A 类中央企业的董事长、党委（党组）书记、总经理的人选由中央政治局常委会研究决定，这与一般副部长级干部的任免权限相同，因此被认为相当于副部级干部。在媒体报道中被称为“中管企业”，但是在中央发文中，一般称为“部分国有重要骨干企业”。由于其任职年龄可以到 63 周岁，又与一般副部级干部略有区别，仅仅比正部级 65 周岁任职年龄差 2 岁。A 类中央企业的副职领导和 B 类中央企业的正、副职领导均由国务院国资委党委研究决定，前者归口在国资委企干一局，后者归口在国资委企干二局。任职年龄都是 60 周岁。但 B 类中央企业法定代表人（多数是董事长）须报国务院党组任前备案同意。一般认为，A 类中央企业的副职出任 B 类中央企业的正职可以理解为提拔。在两类中央企业副职之间，一般也是 A 类中央企业的副职高于 B 类中央企业的副职。

金融类中央企业：这类企业主要是由财政部（或委托汇金公司）代表国务院履行出资人职责的中央金融、保险、证券类企业，截至 2017 年 4 月，共有 27 户。这 27 户中央企业也分为 A、B 两类。A 类金融类中央企业，主要是金融业和保险业的企业。这类企业的正、副职均由中组部任命、中组部管理。其中，中投公司所属的中央汇金公司董事会、监事会成员则由国务院任命，对国务院负责。B 类金融类中央企业，主要是资产管理公司和证券公司。这类企业正、副职由国务院对口的银监会、保监会、证监会等事业单位党委任命和管理。

其他部门管理的中央企业：这类企业主要是 5 户由财政部代表国务院履行出资人职责的企业。分别是中国出版集团公司、中国铁路总公司、中国烟草总公司、中国邮政集团公司、中国对外文化集团公司。前 4 户正、副职均由中组部任命，最后 1 户企业的正、副职由文化部党组任命。

[13] 我国的 GDP 历史数据修正：改革开放以来，我国的 GDP 核算和数据发布制度经过了一系列改革，逐步与国际接轨。为此我国 GDP 历史数据也经历了六次重大修正。

（1）两次重大补充：我国国内生产总值核算始于 1985 年，为了满足宏观经济分析和管理对数据的连续性和可比性的要求，我国对国内生产总值历史数据进行了两次重大补充。第一次是对改革开放后的 1978 年至 1984 年数据的补充；第二次是对改革开放前的 1952 年至 1977 年数据的补充。两次重大补充的内容、方法基本相同，既包括国内生产总值生产核算，也包括国内生产总值使用核算。

（2）一次重大调整：对国内生产总值数据进行第一次重大调整

是在我国进行首次第三产业普查后的1994年和1995年进行的。调整的时间范围涉及1978年至1993年16个年度，调整内容包括第三产业中各产业部门增加值的调整和国内生产总值总量的调整、最终消费的调整和支出法GDP总量的调整。

（3）三次重大修订：第一次修订是年度数据修正，1994年GDP增长率由11.8%调整到12.6%；第二次修订是针对“非典”对服务业的影响，对2003年二季度和上半年GDP数据进行了修订；第三次修订是第一次经济普查后对各项经济指标的全面修订。

[14] 国民经济核算体系：是综合应用统计、会计、数学等方法，用以衡量和反映一国（或地区）在特定时期内国民经济活动成果的指标体系。长期以来，国际上曾经同时存在过两套不同的国民经济核算体系，一是产生于西方发达市场经济国家的国民账户体系（System of National Accounts，简称SNA）；二是产生于苏联、东欧高度集中的计划经济国家的物质产品平衡表体系（System of Material Product Balances，简称MPS）。

改革开放以来，随着经济体制的转变，我国国民经济核算指标体系也相应发生了数度变化，因而本书中出现的统计指标在不同年代略有不同，这是因为涉及几套不同的国民经济核算指标体系。中华人民共和国成立以来，随着我国经济体制由计划经济体制向有计划的商品经济体制、社会主义市场经济体制转变，我国国民经济核算及其指标体系也经历了以下发展变化阶段。

（1）MPS体系的建立和发展阶段（1952—1984年）：1952年，刚刚成立的国家统计局在全国范围开展了工农业总产值调查，从此开始了我国工农业总产值核算。后来，又从工农业总产值核算扩大到农业、工业、建筑业、交通运输业和商业饮食业五大物质生产部门总产值，即社会总产值核算。从 1954 年开始，国家统计局在学习苏联国民收入统计理论和方法的基础上开展了我国国民收入的生产、分配、消费和积累核算。这为当时的国民经济计划和管理提供了重要依据。1956 年，国家统计局派团对苏联国民经济核算工作进行了全面考察，随后在中国全面推行 MPS 体系。该体系的特点：只核算农业、工业、建筑业、运输邮电业、商业五大物质生产部门的物质产品生产，不核算非物质生产部门的服务性生产。该体系的主要综合指标：①社会总产值（又称“社会总产品”或“物质产品总产出”）：是指一定时期内一个国家（地区）物质生产领域生产的物质产品价值，是农业、工业、建筑业、运输邮电业、商业五大物质生产部门的总产值之和。其中，农业的物质产品总产出称为农业总产值；工业的物质产品总产出称为工业总产值；工农业的物质产品总产出称为工农业总产值。②国民收入（又称“社会净产值”“社会净产品”或“物质产品净值”“国民收入生产额”）：是指一定时期内一个国家（地区）物质生产领域的劳动者新创造价值的总和。农业、工业、建筑业、运输邮电业、商业五大物质生产部门的净产值之和就是国民收入。国民收入与社会总产值的关系：国民收入等于社会总产值减去物质生产部门生产的货物及物质性劳务投入（即物质生产部门中间消耗价值）和物质生产部门的固定资产折旧。改革开放后，国民经济核算工作陆续恢复和发展。首先恢复了 MPS 体系的国民收入核算，随后又编制出两张 MPS 体系的全国投入产出表，即 1981 年投入产出表和 1983 年投入产出表。

（2）MPS 体系与 SNA 体系并存阶段（1985—1992 年）：随着改革开放的深入和国民经济的发展，继续沿着 MPS 的方向恢复和发展中国的国民经济核算已经不能满足国家宏观经济管理工作的需要。立足于当时我国实行有计划的商品经济这一主导思想，国民经济核算工作既要考虑有计划指令为主导方面所需要的指标体系，又要兼顾有市场调节为辅所需要的数据资料，以适应我国经济体制的发展变化过程，满足国民经济发展和党政决策部门的需要。我国拟创了具有中国特色的、能够把两种国民经济核算体系相互转换的《中国国民经济核算体系（试行方案）1992 年》。这套结合中国实际的非 MPS 也非 SNA 的共存型体系，以 SNA 体系的“国内生产总值”为挂帅指标，核算范围覆盖了全部国民经济部门（包括物质生产部门与非物质生产部门），但保留了物质生产部门与非物质生产部门划限。这一阶段的主要综合指标：①国内生产总值：是指一定时期内一个国家（地区）所有常住单位生产活动的最终成果。国内生产总值有价值形态、收入形态和产品形态三种表现形态。从价值形态看，它是一定时期内一个国家（地区）所有常住单位生产的全部货物和服务价值超过同期投入的全部非固定资产货物和服务价值的差额。②国民生产总值：是指一定时期内一个国家（地区）所有常住单位收入初次分配的最终成果，它等于国内生产总值加上来自国外的劳动者报酬和财产收入减去付给国外的劳动者报酬和财产收入。国内生产总值是一个生产概念，而国民生产总值是一个收入概念。③国民收入：与 MPS 体系中的概念相同。国民生产总值与社会总产值、国民收入的区别在于，从核算范围看，社会总产值和国民收入只计算了物质生产部门的劳动成果，而国民生产总值同时计算了物质生产部门和非物质生产部门的劳动成果。从价值构成看，社会总产值计算了社会产品的全部价值；国民生产总值计算在生产产品和提供劳务过程中增加的价值，即增加值，不计算中间产品和中间劳务投入的价值；而国民收入除不计算中间产品价值外，还不包括固定资产折旧价值，即只计算净产值。在这一阶段，国家统计局不仅发布以MPS体系“国民收入”为挂帅指标的系列核算数据，同时发布以SNA体系“国内生产总值”为挂帅指标的系列核算数据，并成功地解决了历史国民经济核算资料的相互转换问题。

（3）在SNA体系下的发展阶段（1993—2017年）：从1993年起，根据联合国1968年SNA的标准，并采纳了部分联合国1993年SNA的标准，我国对1992年《中国国民经济核算体系（试行方案）》进行重大修改，探索建立了中国国民经济核算体系新版本。这一阶段的主要综合指标是“国内生产总值”和“国民生产总值”。联合国SNA1993年版本决定把“国民生产总值”改为“国民总收入”，但由于“国民生产总值”是当今世界各国的经济习惯用语，允许有一个过渡期两个术语并用，以后逐渐过渡到只使用“国民总收入”一个术语。目前我国的核算指标已统一使用“国内生产总值”和“国民总收入”。国家统计局只发布以SNA体系“国内生产总值”为挂帅指标的系列核算数据，以“国民收入”名义发布的物质产品净值数据一直到1994年，以后则不再公布。2003年5月7日，国家统计局发布公告，决定从当年开始，实施《中国国民经济核算体系（2002）》。新核算体系是依据联合国1993年SNA标准制定的，取消了其中的物质产品平衡表体系核算内容，澄清了某些基本概念，修订了机构部门和产业部门分类，调整了基本框架，增加了核算内容。基本上做到了与联合国1993年SNA的标准相衔接。2009年，联合国、欧盟委员会、经济合作与发展组织、国际货币基金组织和世界银行五大国际组织颁发国民经济核算的最新标准《国民账户体系2008》（简称SNA2008）。SNA2008颁布的次年，国家统计局就组织改革和完善我国国民经济核算体系的专门团队，对

SNA2008 的新内容进行研究。2013 年，国家统计局正式启动国民经济核算体系修订工作，并于 2014 年完成中国国民经济核算体系新文本的初稿。由于国民经济核算体系的修订任务比预想得更复杂。原计划 2015 年年初对外公布新修订的国民经济核算体系，实际推出时间延迟两年多。

（4）与最新国际标准接轨阶段（2017 年以后）：2017 年 7 月 3 日，国务院作出《关于中国国民经济核算体系（2016）的批复》（国函〔2017〕91 号），原则同意《中国国民经济核算体系（2016）》（以下简称《核算体系》），由国家统计局印发实施。新国民经济核算体系的制定和颁发，标志着我国国民经济核算工作朝着最新国际迈出了坚实的步子，“统计入世”名副其实。新核算体系在 2002 年核算体系的基础上，主要在基本框架、基本概念和核算范围、基本分类、基本核算指标以及基本核算方法五个方面进行了系统修订。一是调整了基本框架。2016 年核算体系分为基本核算和扩展核算两大部分，并对两大部分核算内容都进行了调整、丰富和完善。在基本核算部分，调整了资产负债表的结构，重新设置了与 2008 年 SNA 基本一致的表式；增加了资产负债交易变化表和其他变化表；专门设立价格统计和不变价核算一章，反映货物和服务价格变化以及 GDP 和国民总收入的实际变化；调整了国际收支平衡表和国际投资头寸表的内容，与《国际收支和国际投资头寸手册（第六版）》进行了衔接；不再单独设置国民经济账户。在扩展核算部分，充实和调整了核算内容，将自然资源实物量核算表延伸到资源环境核算，调整了人口和劳动力核算，增加了卫生核算、旅游核算和新兴经济核算。二是更新了基本概念和核算范围。针对经济发展出现的新情况、新变化和 2008 年 SNA 的建议，2016 年核算体系引入了一些新的概念，拓展了部分核算范围。引入了“经济所有权”概念，改变了相关交易的记录方式；引入了“知识产权产品”概念，取消了原有的“无形生产资产”的概念；引入了“雇员股票期权”概念，将其作为雇员报酬；引入了“实际最终消费”概念，以客观反映我国居民的真实消费水平和我国政府在改善民生方面发挥的作用；扩展了生产范围，将自给性知识载体产品生产纳入生产范围；扩展了资产范围，将知识产权产品等纳入非金融资产的核算范围，将金融衍生品和雇员股票期权等纳入金融资产的核算范围。三是细化了基本分类。参照 2008 年 SNA，结合我国分类标准的发展变化，2016 年核算体系调整和细化了一些基本分类。在机构部门分类中，单独设置了“为住户服务的非营利机构”部门，反映我国非营利组织的发展变化情况；增加了产品分类，将《统计用产品分类目录》作为国民经济核算的基本分类；细化了 GDP 支出项目分类，使其更加详细完整；调整细化了非金融资产分类，引入了知识产权产品等类别；修订了金融资产分类，引入了金融衍生工具和雇员股票期权等类别。四是修订了基本核算指标。根据 2008 年 SNA，结合我国社会主义市场经济发展出现的新情况和新变化，2016 年核算体系修订了一些重要的国民经济核算指标的定义和口径范围。修订了“总产出”指标，按 2008 年 SNA 定义的“生产者价格”计算总产出；修订了“劳动者报酬”指标，将雇员股票期权纳入劳动者报酬；修订了“生产税净额”指标，进一步明确了我国生产税和生产补贴的核算范围；修订了“资本形成总额”指标，包含了研究和开发、娱乐文学艺术品原件等知识产权产品；修订了“财产收入”指标，将非上市公司的红利、准公司的收入提取、养老金权益的应付投资收入等纳入财产收入；修订了“社会保险缴费”和“社会保险福利”指标。五是改进了基本核算方法。2016年核算体系采用了与2008年SNA基本一致的核算方法，使得核算结果能够更加客观地反映我国有关经济活动的成果，提高国际可比性。调整了研究与开发支出的处理方法，将能为所有者带来经济利益的研究与开发支出不再作为中间投入，而是作为固定资本形成计入国内生产总值；改进城镇居民自有住房服务产出的计算方法，采用市场租金法计算城镇居民自有住房服务产出；改进了间接计算的金融中介服务产出的核算方法，采用了参考利率法；改进了中央银行产出的计算方法，依据服务性质区分为市场服务和非市场服务分别计算。改进非寿险服务产出的核算方法，对巨灾后的实际索赔进行了平滑处理。

[15] 两个“拨改贷”：其实是沿用了1959年国营企业流动资金（定额流动资金）由财政转为人民银行计息管理的思路。

[16] “双保”政策：是指国家基本保证企业的外部生产条件，企业保证完成国家计划任务和上交税利。

[17] 企业财务“两则”：是指《企业财务通则》和《企业会计准则》。

[18] “三去一降一补”：是针对供给侧结构性改革提出来的“去产能、去库存、去杠杆、降成本、补短板”五大任务。

[19] “五大发展理念”：是指由中共中央总书记习近平提出来的“创新、协调、绿色、开放、共享”发展理念。

# 参考文献


1.《中国共产党第十一届中央委员会第三次全体会议公报》，北京：人民出版社，1978 年版。

2.《中共中央关于经济体制改革的决定》，北京：人民出版社，1984 年版。

3.《中共中央关于建立社会主义市场经济体制若干问题的决定》，北京：人民出版社，1993 年版。

4.《中共中央关于国有企业改革和发展若干重大问题的决定》，北京：人民出版社，1999 年版。

5.《中共中央关于完善社会主义市场经济体制若干问题的决定》，北京：人民出版社，2003 年版。

6.《中共中央关于全面深化改革若干重大问题的决定》，北京：人民出版社，2013 年版。

8.《毛泽东选集（四卷本）》，北京：人民出版社，1968 年版。

11.《邓小平文选（第二卷）》，北京：人民出版社，1994 年版。

12. 朱镕基：《朱镕基讲话实录（第三卷）》，北京：人民出版社，2011 年版。

14. 马洪：《现代中国经济事典》，北京：中国社会科学出版社，1982 年版。

15. 汪海波：《新中国工业经济史》，北京：经济管理出版社，1986年版。

16. 董辅礽：《中华人民共和国经济史（上、下）》，北京：经济科学出版社，1999年版。

21. 中共中央党史研究室：《中国共产党历史（第二卷）1949—1978》，北京：中共党史出版社，2011年版。

23. 中国经济年鉴编辑委员会：《1981年中国经济年鉴》，北京：中国经济年鉴社，1981年版。

24. 中国社会科学院，中央档案馆：《中华人民共和国经济档案资料选编1949—1952（综合卷）》，北京：中国城市经济社会出版社，1990年版。

25. 中国社会科学院，中央档案馆：《中华人民共和国经济档案资料选编1949—1952（商业卷）》，北京：中国物资出版社，1995年版。

26. 孙建：《中华人民共和国经济史1949—90年代初》，北京：中国人民大学出版社，1992年版。

27. 当代中国丛书编辑委员会：《当代中国的经济体制改革》，北京：中国社会科学出版社，1984年版。

28. 当代中国丛书编辑委员会：《当代中国的经济管理》，北京：中国社会科学出版社，1985年版。

30. 谢世荣：《产权理论与国有企业制度创新》，北京：中央党校出版社，1997年10月版。

31. 刘伟，李风圣：《产权通论》，北京：北京出版社，1998年版。

32. 吴敬琏等：《大中型企业改革：建立现代企业制度》，天津：天津人民出版社，1993年版。

33. 吕东：《中国工业经济的改革与发展》，北京：经济管理出版社，

1992 年版。

34. 陈清泰：《重塑企业制度——30 年企业制度变迁》，北京：中国发展出版社，2008 年版。

35. 邵宁，周放生，熊志军：《中国企业脱困报告》，北京：经济管理出版社，2002 年版。

37. 《中国：发展与改革（1984—1985 首卷）》，北京：中共党史资料出版社，1987 年版。

38. 刘小玄：《中国企业发展报告（1990—2000 年）》，北京：社会科学文献出版社，2001 年版。

39. 张文魁：《中国国有企业产权改革与公司治理转型》，北京：中国发展出版社，2007 年版。

40. 邵宁：《国有企业改革实录（1998—2008）》，北京：经济科学出版社，2014 年版。

41. 吴敬琏，马国川：《重启改革议程：中国经济改革二十讲》，北京：生活·读书·新知三联书店，2013 年版。

43. 华而诚：《中国经济的软着陆》，北京：中国财政经济出版社，1997 年版。

# 附录　156项重点工程名单

**一、煤炭**（25项）

总计：采煤2 165万吨、洗煤950万吨。

1. 鹤岗东山1号立井。续建，鹤岗。建设年代：1950—1955年，采煤90万吨。

2. 鹤岗兴安台10号立井。续建，鹤岗。建设年代：1952—1956年，采煤150万吨。

3. 辽源中央立井。续建，辽源。建设年代：1950—1955年，采煤90万吨。

4. 阜新平安立井。续建，阜新。建设年代：1952—1957年，采煤150万吨。

5. 阜新新邱一号立井。新建，阜新。建设年代：1954—1958年，采煤60万吨。

6. 阜新海州露天矿。续建，阜新。建设年代：1950—1957年，采煤300万吨。

7. 兴安台洗煤厂。新建，鹤岗。建设年代：1957—1959年，洗煤150万吨。

8. 城子河洗煤厂。新建，鸡西。建设年代：1957—1959年，洗煤150万吨。

9. 城子河 9 号立井。新建，鸡西。建设年代：1955—1959 年，采煤 75 万吨。

10. 山西潞安洗煤厂。新建，潞南。建设年代：1956—1958 年，洗煤 200 万吨。

11. 焦作中马村立井。新建，焦作。建设年代：1955—1959 年，采煤 60 万吨。

12. 兴安台二号立井。新建，鹤岗。建设年代：1956—1961 年，采煤 150 万吨。

13. 大同鹅毛口立井。新建，大同。建设年代：1957—1961 年，采煤 120 万吨。

14. 淮南谢家集中央洗煤厂。新建，淮南。建设年代：1957—1959 年，洗煤 100 万吨。

15. 兴化湾沟立井。新建，兴化。建设年代：1956—1958 年，洗煤 60 万吨。

16. 峰峰中央洗煤厂。新建，峰峰。建设年代：1957—1959 年，洗煤 200 万吨。

17. 抚顺西露天矿。改建，抚顺。建设年代：1953—1959 年，采煤 300 万吨。

18. 抚顺龙凤矿。改建，抚顺。建设年代：1953—1958 年，洗煤 90 万吨。

19. 抚顺老虎台矿。改建，抚顺。建设年代：1953—1957 年，洗煤 80 万吨。

20. 抚顺胜利矿。改建，抚顺。建设年代：1953—1957 年，洗煤 90 万吨。

21. 双鸭山洗煤厂。新建，双鸭山。建设年代：1954—1958 年，洗煤150万吨。

22. 铜川王石凹立井。新建，铜川。建设年代：1957—1961年，采煤120万吨。

23. 峰峰通顺三号立井。新建，峰峰。建设年代：1957—1961年，采煤120万吨。

24. 平顶山2号立井。新建，平顶山。建设年代：1957—1960年，采煤90万吨。

25. 抚顺东露天矿。新建，抚顺。建设年代：1956—1961年，油母页岩700万立方米。

**二、石油（2项）**

总计：炼油170万吨。

1. 兰州炼油厂。新建，兰州。建设年代：1956—1959年，炼油100万吨。

2. 抚顺第二制油厂。改建，抚顺。建设年代：1956—1959年，页岩原油70万吨。

**三、电力（25项）**

总计：装机288.65万千瓦。

1. 阜新热电站。扩建，阜新。建设年代：1951—1958年，15万千瓦。

2. 抚顺电站。扩建，抚顺。建设年代：1952—1957年，15万千瓦。

3. 重庆电站。新建，重庆。建设年代：1953—1954年，2.4万千瓦。

4. 丰满水电站。扩建，丰满。建设年代：1951—1959年，42.25万千瓦。

5. 大连热电站。扩建，大连。建设年代：1954—1956年，2.5万千瓦。

6. 太原第一热电站。新建，太原。建设年代：1953—1957 年，7.4 万千瓦。

7. 西安热电站（1～2 期）。新建，西安。建设年代：1952—1957 年，4.8 万千瓦。

8. 郑州第 2 热电站。新建，郑州。建设年代：1952—1953 年，1.2 万千瓦。

9. 富拉尔基热电站。新建，富拉尔基。建设年代：1952—1955 年，5 万千瓦。

10. 乌鲁木齐热电站。新建，乌鲁木齐。建设年代：1952—1959 年，1.9 万千瓦。

11. 吉林热电站。扩建，吉林。建设年代：1956—1958 年，10 万千瓦。

12. 太原第二热电站。新建，太原。建设年代：1956—1958 年，5 万千瓦。

13. 石家庄热电站（1～2 期）。新建，石家庄。建设年代：1956—1959 年，4.9 万千瓦。

14. 鄠县热电站（1～2 期）。新建，鄠县。建设年代：1956—1960 年，10 万千瓦。

15. 兰州热电站。新建，兰州。建设年代：1956—1958 年，10 万千瓦。

16. 青山热电站。扩建，武汉。建设年代：1956—1959 年，11.2 万千瓦。

17. 个旧电站（1～2 期）。新建，个旧。建设年代：1954—1958 年，2.8 万千瓦。

18. 包头四道沙河热电站。新建，包头。建设年代：1956—1958 年，

5万千瓦。

19. 包头宁家壕热电站。新建，包头。建设年代：1957—1960年，6.2万千瓦。

20. 佳木斯纸厂热电站。新建，佳木斯。建设年代：1955—1957年，2.4万千瓦。

21. 株洲热电站。新建，株洲。建设年代：1955—1957年，1.2万千瓦。

22. 成都热电站。新建，成都。建设年代：1956—1958年，5万千瓦。

23. 洛阳热电站。新建，洛阳。建设年代：1956—1958年，7.5万千瓦。

24. 三门峡水利枢纽。新建，陕县。建设年代：1956—1969年，110万千瓦。

25. 北京热电站。新建，北京。建设年代：1958—1959年，10万千瓦。

**四、钢铁（7项）**

总计：铁670万吨、钢636.6万吨、钢材360万吨。

1. 鞍山钢铁公司。改建，鞍山。建设年代：1952—1960年，生铁250万吨、钢320万吨、钢材250万吨。

2. 本溪钢铁公司。改建，本溪。建设年代：1953—1957年，铁110万吨。

3. 富拉尔基特钢厂（1～2期）。新建，富拉尔基。建设年代：1953—1958年，钢16.6万吨。

4. 吉林铁合金公司。新建，吉林。建设年代：1953—1956年，铁合金4.35万吨。

5. 武汉钢铁公司。新建，武汉。建设年代：1955—1962 年，生铁 150 万吨、钢 150 万吨、钢材 110 万吨。

6. 包头钢铁公司。新建，包头。建设年代：1956—1962 年，生铁 160 万吨、钢 150 万吨。

7. 热河钒钛矿。新建，承德。建设年代：1956—1958 年，钛镁 7 000吨、钒铁 1 000 吨。

**五、有色金属（11 项）**

1. 抚顺铝厂（1～2 期）。改建，抚顺。建设年代：1952—1957 年，铝锭 3. 9 万吨、铝 0. 12 万吨。

2. 哈尔滨铝加工厂（1～2 期）。新建，哈尔滨。建设年代：1952—1958 年，铝材 3 万吨。

3. 吉林电缆厂。新建，吉林。建设年代：1953—1955 年，石墨制品 2. 23 万吨。

4. 株洲硬质合金厂。新建，株洲。建设年代：1955—1957 年，硬质合金 500 吨。

5. 杨家杖子钼矿。新建，杨家杖子。建设年代：1956—1958 年，钼矿 4 700 吨。

6. 云南锡业公司。新建，个旧。建设年代：1954—1958 年，锡 3 万吨。

7. 江西大吉山钨矿。新建，赣南。建设年代：1955—1959 年，采选 1 600 吨/日。

8. 江西西华山钨矿。新建，大余。建设年代：1956—1959 年。

9. 江西岿美山钨矿。新建，定南。建设年代：1956—1959 年。

10. 白银有色金属公司。新建，白银。建设年代：1956—1962 年，电铜 3 万吨、硫酸 2. 5 万吨。

11. 洛阳有色金属加工厂。新建，洛阳。建设年代：1957—1962 年，铜材 6 万吨。

**六、化工（7 项）**

总计：合成氨 15.4 万吨、硝酸铵 18.8 万吨。

1. 吉林染料厂。新建，吉林。建设年代：1955—1958 年，合成染料及中间体 7 385 吨。

2. 吉林氮肥厂。新建，吉林。建设年代：1954—1957 年，合成氨 5 万吨、硝酸铵 9 万吨。

3. 吉林电石厂。新建，吉林。建设年代：1955—1957 年，电石 6 万吨。

4. 太原化工厂。新建，太原。建设年代：1954—1958 年，硫酸 4 万吨。

5. 兰州合成橡胶厂。新建，兰州。建设年代：1956—1960 年，合成橡胶 1.5 万吨。

6. 兰州氮肥厂。新建，兰州。建设年代：1955—1958 年，合成氨 5.2 万吨。

7. 太原氮肥厂。新建，太原。建设年代：1957—1960 年，合成氨 5.2 万吨、硝酸铵 9.8 万吨。

**七、机械（24 个）**

1. 哈尔滨锅炉厂（1~2 期）。新建，哈尔滨。建设年代：1954—1960 年，高中压锅炉 4 080 吨/年。

2. 哈尔滨汽轮机厂（1~2 期）。新建，哈尔滨。建设年代：1954—1960 年，汽轮机 60 万千瓦。

3. 哈尔滨电机厂汽轮发电机车间。新建，哈尔滨。建设年代：1954—1960 年，汽轮发电机 60 万千瓦。

4. 哈尔滨量具刃具厂。新建，哈尔滨。建设年代：1953—1954 年，量刃具 512 万付/1 032 吨。

5. 哈尔滨仪表厂。新建，哈尔滨。建设年代：1953—1956 年，电气仪表 10 万只、汽车仪表 5 万套、电度表 60 万只。

6. 哈尔滨炭刷厂。新建，哈尔滨。建设年代：1956—1958 年，电刷及碳素制品 100 吨。

7. 哈尔滨滚珠轴承厂。改建，哈尔滨。建设年代：1957—1959 年，滚珠轴承 655 万套。

8. 长春第一汽车厂。新建，长春。建设年代：1953—1956 年，解放牌汽车 3 万辆。

9. 沈阳第一机床厂。新建，沈阳。建设年代：1953—1955 年，车床 4 000 台。

10. 沈阳第二机床厂（中捷友谊厂）。改建，沈阳。建设年代：1955—1958 年，各种机床 4 497 台/1. 6 万吨。

11. 沈阳电缆厂。改建，沈阳。建设年代：1952—1954 年，各种电缆 3 万吨。

12. 沈阳风动工具厂。改建，沈阳。建设年代：1952—1954 年，各种风动工具 2 万台/554 吨。

13. 武汉重型机床厂。新建，武汉。建设年代：1955—1959 年，机床 380 台。

14. 洛阳拖拉机厂。新建，洛阳。建设年代：1956—1959 年，拖拉机 1. 5 万台。

15. 洛阳滚珠轴承厂。新建，洛阳。建设年代：1954—1958 年，滚珠轴承 1 000 万套。

16. 洛阳矿山机械厂。新建，洛阳。建设年代：1956—1958 年，矿山机械设备 2 万吨。

17. 兰州石油机械厂。新建，兰州。建设年代：1956—1959 年，石油设备 1.5 万吨。

18. 西安高压电瓷厂。新建，西安。建设年代：1958—1961 年，各种电瓷 1.5 万吨。

19. 西安开关整流器厂。新建，西安。建设年代：1958—1961 年，高压开关 1.3 万套。

20. 西安绝缘材料厂。新建，西安。建设年代：1956—1960 年，各种绝缘材料 6 000 吨。

21. 西安电力电窗容器厂。新建，西安。建设年代：1956—1958 年，电力电容器 100 千伏安 6.1 万只。

22. 富拉尔基重机厂。新建，富拉尔基。建设年代：1954—1960 年，轧机炼钢炼铁设备 6 万吨。

23. 湘潭船用电机厂。新建，湘潭。建设年代：1957—1959 年，电机 11 万千瓦。

24. 兰州炼油化工机械厂。新建，兰州。建设年代：1956—1959 年，化工设备 2.5 万吨。

**八、轻工（1 项）**

佳木斯造纸厂。新建，佳木斯。建设年代：1953—1957 年，水泥纸袋 5 万吨。

**九、医药（2 项）**

1. 华北制药厂。新建，石家庄。建设年代：1954—1958 年，青霉素、链霉素等 115 吨，淀粉 1.5 万吨。

2. 太原制药厂。新建，太原。建设年代：1954—1958 年，磺胺 1200 吨。

## 十、军工项目（43 项）

（一）航空部（12 项）

1. 112 厂：沈阳飞机工业集团。改建，沈阳。建设年代：1953—1957 年。

2. 113 厂：西安航空动力控制工程有限公司。新建，西安。建设年代：1955—1957 年。

3. 114 厂：西安庆安集团。新建，西安。建设年代：1955—1957 年。

4. 115 厂：陕西兴平秦岭航空电气公司。新建，陕西。建设年代：1955—1957 年。

5. 120 厂：哈尔滨东安发动机集团。改建，哈尔滨。建设年代：1953—1955 年。

6. 122 厂：哈尔滨飞机工业集团。改建，哈尔滨。建设年代：1953—1955 年。

7. 212 厂：宝鸡宝成通用电子公司。新建，宝鸡。建设年代：1955—1962 年。

8. 320 厂：南昌航空工业集团。改建，南昌。建设年代：1953—1957 年。

9. 331 厂：株洲南方航空动力机械公司。改建，株洲。建设年代：1955—1956 年。

10. 410 厂：沈阳黎明发动机制造公司。改建，沈阳。建设年代：1953—1957 年。

11. 422 厂：陕西 422 厂统计了两次，造成两项重复计算。

12. 514 厂：陕西兴平华兴航空机轮公司。新建，陕西。建设年代：1955—1962 年。

（二）电子部（10 项）

1. 715 厂：四川成都宏明无线电器材厂。新建，成都。建设年代：1955—1957 年。

2. 719 厂：四川成都新兴仪器厂。新建，成都。建设年代：1955—1957 年。

3. 738 厂：北京有线电厂。新建，北京。建设年代：1955—1957 年。

4. 774 厂：北京电子管厂。改建，北京。建设年代：1954—1956 年。

5. 782 厂：陕西宝鸡长岭机器厂。新建，宝鸡。建设年代：1956—1957 年。

6. 784 厂：四川成都锦江电机厂。新建，成都。建设年代：1957—1960 年。

7. 785 厂：山西太原无线电厂。新建，太原。建设年代：1956—1959 年。

8. 786 厂：陕西西安黄河机器制造厂。新建，西安。建设年代：1955—1958 年。

9. 788 厂：四川雷达厂。新建，绵阳。建设年代：1957—1960 年。

10. 853 厂：陕西华达无线电器材厂。新建，西安。建设年代：1955—1958 年。

（三）兵器部（16 项）

1. 245 厂：太原北方兴安化学工业有限公司。新建，太原。建设年代：1953—1959 年。

2. 248 厂：西安北方光电有限公司。新建，西安。建设年代：1955—1957 年。

3. 447 厂：内蒙古包头第二机械制造厂。新建，包头。建设年代：1955—1959 年。

4. 617 厂：包头第一机械制造集团有限公司。新建，包头。建设年代：1956—1958 年。

5. 616 厂：山西柴油机工业有限责任公司。新建，大同。建设年代：1956—1958 年。

6. 748 厂：山西。新建。建设年代：1953—1958 年。

7. 768 厂：北京大华无线电器材厂。新建，北京。建设年代：1955—1958 年。

8. 803 厂：西安北方华山机电有限公司。新建，西安。建设年代：1956—1957 年。

9. 804 厂：西安北方庆华机电集团有限公司。新建，西安。建设年代：1955—1959 年。

10. 806 厂：甘肃天水。新建，天水。建设年代：1956—1960 年。

11. 843 厂：西安北方秦川集团有限公司。新建，西安。建设年代：1955—1959 年。

12. 844 厂：西安东方集团有限公司。新建，西安。建设年代：1955—1959 年。

13. 845 厂：西安北方惠安化学工业有限公司。新建，西安。建设年代：1955—1958 年。

14. 847 厂：西安昆仑（集团）有限责任公司。新建，西安。建设年代：1955—1957 年。

15. 884 厂：山西太原汾西机器厂。新建，太原。建设年代：1955—1959 年。

16. 908 厂：山西太原新华化工有限责任公司。新建，太原。建设年代：1955—1958 年。

（四）航天部（2 项）

1. 111 厂：沈阳航天新光集团。改建，沈阳。建设年代：1953—1956 年。

2. 211 厂：首都航空机械公司（属航天一院）。新建，北京。建设年代：1954—1957 年。

（五）船舶公司（3 项）

1. 407 厂：河南洛阳柴油机集团有限公司。新建，洛阳。建设年代：1956—1960 年。

2. 408 厂：陕西兴平柴油机厂。新建，兴平。建设年代：1956—1960 年。

3. 431 厂：渤海船舶重工有限公司（葫芦岛）。新建，葫芦岛。建设年代：1956—1960 年，年产 8 艘驱逐舰和 12 艘潜艇、1 200 枚鱼雷。

**十一、“二五”时期施工 3 项**

（一）有色金属 2 项

1. 云南昆明东川矿务局。新建，昆明。建设年代：1958—1961 年，采选 2 万吨/日。

2. 云南曲靖会泽铅锌矿。新建，曲靖。建设年代：1958—1962 年，铅 1. 5 万吨、锌 3 万吨。

（二）军工 1 项

874 厂：山西侯马平阳机械厂。新建，侯马。建设年代：1958—1966 年。

在 1955 年第一个五年计划颁布时确定的 156 个项目中，由于赣南电站改为成都电站，航空部陕西 422 厂统计了两次，造成两项重复计算。因此实际为 154 项。在 154 个项目中，有第二汽车制造厂、第二拖拉机制造厂因厂址未定，山西潞安一号立井、山西大同白土窑立井因地质问题未建，总共 4 个项目未建。实际正式施工的项目只有 150 个。

# 后　记

如果从1978年10月重庆钢铁公司等6户地方国有工业企业率先进行的“扩大企业自主权”试点算起，中国国有企业改革已经走过了40多年的历程。国有企业改革既是贯穿中国经济体制改革的主线，也是整个经济体制改革的缩影，更直接涉及千家万户中国人的切身利益。40多年的国有企业改革，把一个拥有超过200万户企业，职工人数多达1.1亿人的庞大群体，从计划经济体制转到社会主义市场经济体制，并因此推动中国经济创造了持续高速增长长达几十年的人类奇迹。这是一项前无古人、后无来者的伟大工程。

经过40多年的不懈探索和艰苦努力，中国的国有企业一部分退出了市场、一部分站稳了脚跟并快速发展。如今国有企业总体上已经同市场经济相融合，成为中华民族伟大复兴的重要推动力量。改革使国有企业的面貌发生了巨大变化，这是几代人努力的结果，有上亿人直接参与并见证了这场改革，有千千万万人为这项改革贡献了智慧、作出了努力。尤其是数千万因企业改制、破产、重组、脱困而下岗的国有企业职工，他们在改革的大潮中失去了原来的工作，付出了代价、作出了牺牲，没有他们的付出和牺牲，很难想象国有企业改革能够顺利推进。人们由衷地怀念和感激那些在改革年代为了祖国的明天、为了国有企业改革作出巨大努力和贡献的每一个人。

40多年在中华文明5000年的历史长河中只是一瞬，但是在人的一生中则不能说太短。当初呱呱坠地的婴儿，现在也已经到了不惑之年。经历了这样长的时间，对于国有企业为什么要改革？国有企业是在什么样的历史背景下走上改革之路的？国有企业改革是在怎样的困难条件下一点点展开、一步步推进才走到今天的？现在的年轻人没有太多的体验，一些在海外求学、谋生的人更是比较模糊，即使一些经历过国有企业改革的年长者，由于各种原因，可能对此也已经淡漠了。事非经过不知难。中国的国有企业改革是在理论准备和实践经验都严重不足的情况下起步并不断向前推进的，其过程中的跌宕起伏，理论上的艰难探索，实践中的历尽艰辛，只有亲身经历过的人才会有感受。如今，还有人对国有企业改革的功过是非争论不断：改革的过程究竟是损公肥私，还是促进了社会公平与效率；改革的结果究竟是损害了全社会的利益，还是增进了全社会、全民族的福祉，对此还有一些人存在着模糊认识。作者当然无意卷入类似的争论，更不想对这些争论妄下断语。然而作者认为，人们对于国有企业改革所产生的理论困惑和模糊认识，或许只有在对国有企业改革的全过程有一个相对清晰的认识以后，才能真正摆脱当下人们对国有企业改革存在的种种疑惑。从近些年来关于国有企业改革的许多争论来看，不少观点往往并未完全了解整个改革过程的发展演变以及当时所处的历史背景，轻易地从今天的认知对其作出判断，在提出问题的同时则不免有失偏颇。有的学者对中国国有企业改革理论的研究，要么借助于西方的理论工具进行图解；要么依靠自己摸索建立的理论框架对遇到的问题进行解读，这种缺乏历史传承和学术传统秉持的研究，要想得到满意的研究成果，恐怕很难。

因此，真实记录中国国有企业改革与发展的历史过程，客观描述国有企业改革本身的路径依赖，认真总结国有企业改革的经验教训，在新的历史条件下用今天的眼光重新审视走过的一切，以使今后国有企业改革与发展的步子走得更稳健、更扎实，这应该是一件有非常意义的工作。作为这项改革曾经的参与者和见证者，作者深感有责任尽自己的最大努力来进行这项工作，这是写作本书的初衷。

本书旨在还原历史原貌，尽可能地忠实历史，过程描述也尽量不掺杂作者的观点和主观偏好。对于想快速了解40多年来国有企业改革历史的读者，只要浏览本书，就能在较短时间内达到目的。而需要进行深入理论研究的读者，本书则可以使其迅速建立起分析框架。当然这只是作者个人的主观愿望，实际上，如果读者能够对中国国有企业改革的主要方面有一轮廓性的了解，本书的目的也就达到了。

需要说明的是，为了完成这部书稿，作者前后历时20余年，参阅了难以计数的文献和资料，因为受到篇幅限制，恕不能在参考文献中一一罗列，在此谨向相关作者致以最诚挚的谢意！如果说本书还有些参考价值的话，应该归功于在作者之前的人们所做的工作。

中国国有企业改革是一个十分广阔的领域，其中尚待研究的问题还有很多。作者笃信“以古为镜，可以鉴今”的观点，力图使自己在史料收集和取舍方面尽可能地系统完整全面。但要做好这一点极其不容易。古人有言：“贤者识其大者、不贤者识其小者。”受本人能力和学识所限，如果能够在本书写作上做到“识其小者”，作者也就足以自慰了。书中肯定存在许多不足甚至错误之处，恳请读者不吝指教。

作者

2020 年 6 月于贵阳

**图书在版编目（CIP）数据**

中国国有企业改革简史 / 章迪诚著. —北京：中国工人出版社，2020.9
ISBN 978-7-5008-7477-5

Ⅰ. ①中… Ⅱ. ①章… Ⅲ. ①国有企业—企业改革—经济史—中国—1978-2018 Ⅳ. ①F279.241

中国版本图书馆CIP数据核字（2020）第166690号

中国国有企业改革简史

| | |
|---|---|
| 出 版 人 | 王娇萍 |
| 责任编辑 | 左 鹏 刘 药 |
| 责任印制 | 黄 丽 |
| 出版发行 | 中国工人出版社 |
| 地 址 | 北京市东城区鼓楼外大街45号 邮编：100120 |
| 网 址 | http://www.wp-china.com |
| 电 话 | （010）62005043（总编室） （010）62005039（印制管理中心） |
| 发行热线 | （010）62005049 （010）62005042（传真） |
| 经 销 | 各地书店 |
| 印 刷 | 三河市东方印刷有限公司 |
| 开 本 | 880毫米×1230毫米 1/32 |
| 印 张 | 8.125 |
| 字 数 | 220千字 |
| 版 次 | 2020年10月第1版 2020年10月第1次印刷 |
| 定 价 | 68.00元 |